王朝貴族のおまじない

繁田信一《Shigeta Shinichi》◆著
坂田靖子《Sakata Yasuko》◆絵

BNP
ビイング・ネット・プレス

はしがき

やたらと暑かった先年の夏のある日、調査のために半《なか》ばやむなく灼熱《しゃくねつ》の京都を訪れた私は、そこで一人の老尼《ろうに》と出遭《であ》いました。そして、その老齢の尼僧《にそう》から、王朝時代の人々が日々の生活の中で用いていたという幾《いく》つもの呪術《じゅじゅつ》を教えてもらうとともに、それらの呪術にまつわる王朝時代のさまざまな出来事について語り聞かされたのでした。

本書に紹介する王朝時代の呪術の数々は、その折、私が老尼から教わったものに他なりません。それらの多くは、ただ呪文《じゅもん》を唱《とな》えるだけの簡単なものですから、われわれ現代人にも容易に実践することができるでしょう。

また、私に数多くの呪術を教えてくれた老尼は、ただ単に呪文や呪術の所作《しょさ》を説明してくれるばかりではなく、それらの呪術にまつわる王朝時代の多様な出来事についても、たいへんおもしろく語り聞かせてくれました。そのため、本書においては、老尼の昔語りを可能な限り忠実に再現するようにしています。老尼の語り口は、「……ございます」「……ございました」といった実に柔和《にゅうわ》なものでした。

ただ、老尼の話には、しばしば現代人には幾らか理解の難しい事柄も出てきます。そして、本書の各項目の最後の一頁を占めるコラムは、そうした点への配慮から付されたものに他なりません。

二〇〇七年四月一日

繁田信一

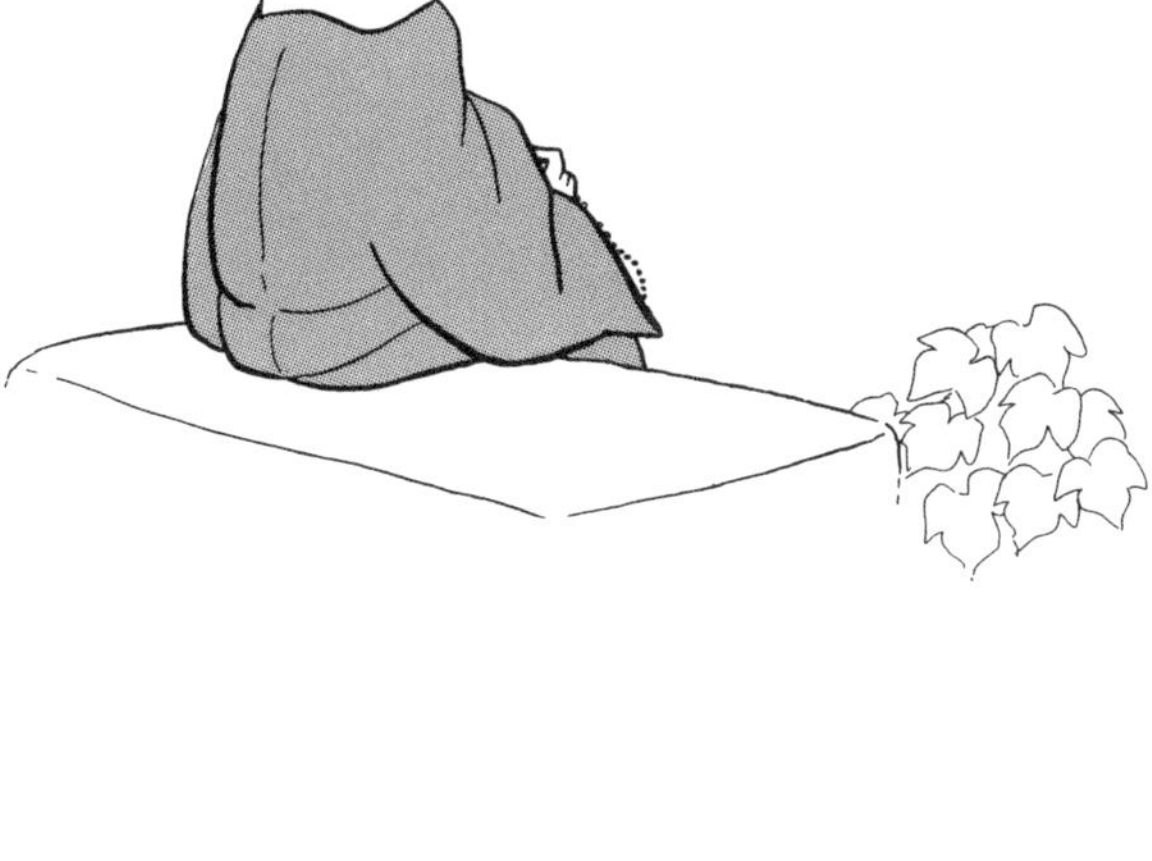

王朝貴族のおまじない　目次

第一章

困ったことになったとき

第二章

悪いことが起きる前に

第三章

こんなときは気をつけて

第四章

よりよい明日のために

第五章

まずは落ち着いて

第一章

困ったことになったとき

【百《ひゃっ》鬼《き》夜《や》行《ぎょう》に遭遇したら】

難《かた》し　早《はや》　会《え》が弄《せせく》りに　醸《か》める酒《さけ》
手《て》酔《え》ひ《い》足《あし》酔《え》ひ《い》　我《われ》酔《え》ひ《い》にけり

呪文を唱《とな》える。

みなさまが「九条殿《くじょうどの》」とお呼びしますのは、藤原道長《ふじわらのみちなが》さまのお祖父《じい》さまにあたられる右大臣《うだいじん》藤原師輔《もろすけ》さまのことでございますが、この師輔さまは、一度だけ、京中で百鬼夜行《ひゃっきやぎょう》にお遭《あ》いになったことがあるそうです。

師輔さまが「九条殿」と呼ばれますのは、そのお屋敷が平安京の南端の九条大路《くじょうおおじ》に面したところにあったからです。そして、師輔さまが百鬼夜行に遭遇なさったのは、夜更《よふ》けになって内裏《だいり》からお屋敷へと戻られる途中、牛車《ぎっしゃ》にお乗りになって大宮大路《おおみやおおじ》を南へ南へと下られているときのことでした。

お乗りになる牛車が大宮大路と二条大路《にじょうおおじ》との交差する辻《つじ》にさしかかりましたとき、師輔さまは、不意に従者の方々に牛車を止めるようにお命《めい》じになったそうです。しかも、このときの師輔さまのお口からは、「車を牽《ひ》く牛を車から外《はず》せ、外せ」とのお言葉も聞かれたといいます。ただ一時的に牛車を止めるというだけならまだしも、帰宅途上の道端《みちばた》で止めた牛車から牛を外してしまうというのは、尋常なことではありません。牛車から牛を外すのは、普通、目的地に着いた場合でなければ、道端で何かを見物する場合だったのです。

ですから、従者の方々は、命じられるままのことをしつつも、師輔さまのお言葉に首をひねるばかりだったといいます。それでも、師輔さまの奇妙なご命令は、まだ終わりではありませんでした。訝《いぶか》りながらも牛車から牛を外した従者たちは、できるだけ牛車の近くに寄り集まるように指示されるとともに、その場で無礼者を追い払うための掛け声を出し続けるようにも命じられたのです。

この間、師輔さまご自身はといいますと、その周囲に従者の方々をお集めになった牛車の中に閉じ籠《こも》り、たいそう畏《かしこ》まったご様子にて、どなたかにひれ伏《ふ》すようになさっておいでだったそうでございます。また、そのときの師輔さまは、お口の中で何かの言葉をお唱《とな》えになっていらしたとも伺《うかが》っております。

そして、師輔さまがこのようなおかしなことをなさったのは、そうです、そこを通り過ぎようとする鬼たちの群れから身を守るためだったのです。どうやら、従者の方々は何もお気づきではなかったようなのですが、師輔さまだけは往来の百鬼夜行にお気づきになり、その鬼たちに襲われることのないよう、従者のみなさまにいろいろのことをお命じになったのでした。

このとき、師輔さまが牛車の中でお唱えになったという言葉は、何か仏さまのありがたいお言葉であったとも伺《うかが》いますが、もしかすると、「難《かた》し早《はや》…」という言葉だったのかもしれません。

百鬼夜行と酔っ払い

百鬼夜行《ひゃっきやぎょう》の様子を具体的に教えてくれる手がかりとしては、『百鬼夜行絵巻《ひゃっきやぎょうえまき》』や『百鬼夜行《ひゃっきやぎょう》図巻《ずまき》』といった絵巻物の類《たぐい》がおもしろい。そこに描かれているのは、夜の往来を闊歩《かっぽ》する奇々怪々な鬼たちであるが、その容姿の多様さには、ついつい感心させられてしまう。

　そして、そんな百鬼夜行から身を守るための「難《かた》し早《はや》…」という呪文《じゅもん》は、和歌の体裁をとっているが、その意味するところは、「あり得ないほどに早いことに、会合の座興《ざきょう》に醸《かも》した酒のせいで、手も足も酔って、私は酔っ払ってしまった」といったところであろう。

　こんな内容の和歌が百鬼夜行から身を守ってくれると思っていたというのだから、王朝時代の人々は、恐ろしい鬼たちも酔っ払いには手を出さないと考えていたことになろうか。

　もしかすると、王朝時代の日本人の知る鬼たちは、酒臭《さけくさ》い人間が嫌《きら》いだったのかもしれない。西洋のヴァンパイア（吸血鬼）がニンニクを嫌うというのはよく知られた話だろうが、洋の東西の魔物たちがともに強い臭気を嫌っていたのだとすると、それは、少しおもしろい発見である。

　とはいえ、王朝時代の日本では、ニラを食べることが神々の祟《たたり》を招くケガレと見做《みな》されたように、神々もまた強い臭《にお》いを嫌うものとされていたから、事情はそう単純ではない。

　なお、藤原師輔《ふじわらのもろすけ》が百鬼夜行に遭遇したという話は、『大鏡《おおかがみ》』に見える他、『今昔物語集《こんじゃくものがたりしゅう》』や『宝物集《ほうぶつしゅう》』でも紹介されている。老尼《ろうに》が話してくれた出来事は、王朝時代の人々の間ではよく知られていたものなのかもしれない。

【死んだはずの人を見かけたら】

魂《たま》や難《かた》　夜《よ》道《みち》われ行《ゆ》く　大路《おおじ》たら

千《ち》たら万《ま》だららに　黄《こ》金《がね》散《ち》り散《ぢ》り

呪文を唱《とな》える。

貴族さまのお屋敷に奉公する料理人を、昔は「膳部《ぜんぶ》」などと呼んだものですが、一条天皇《いちじょう》さまが世をお治めになっていらした頃、さる貴族さまにお仕《つか》えしていた膳部の一人が、たいへんに恐ろしい体験をしたと伝え聞いております。

その膳部は、ある晩、そのご主人さまのお屋敷の門のところで、大納言伴善男《だいなごんとものよしお》さまにお会いしたといいます。けれども、その善男さまは、一条天皇さまの時代より百年以上も昔の清和《せいわ》天皇さまの時代、応天門《おうてんもん》の火事のことで残念な最期《さいご》を遂げられたはずの方なのです。

応天門といいますのは、とてもとても大切な門でした。それは、代々の天皇さまたちのご即位の儀式が行われました朝堂院《ちょうどういん》という建物の正門だったのです。ですから、応天門が炎に包まれましたときには、本当にたいへんな騒ぎになったものでした。

しかも、この火事は、ただ応天門を焼き尽くしただけでは終わりませんでした。応天門が火に呑《の》まれてから半年ほど後のことでしたか、応天門の火事をめぐりまして善男さまが厳しく罰せられることになったのです。従者を使って応天門に火を放ったことを疑われた善男さまは、伊豆国《いずのくに》に流されることになったのでした。都を遠く離れた伊豆国は、たいへんに重い罪を犯した罪人が送られる流刑地《るけいち》です。

この厳しい処罰をお決めになったのは、太政大臣《だじょうだいじん》でいらした藤原良房《ふじわらのよしふさ》さまであったとお聞きしておりますが、このときの善男さまに関するお裁きは、公正なものではなかったかもしれません。その頃の世間で頻繁に聞かれた噂《うわさ》の一つは、善男さまは濡《ぬ》れ衣《ぎぬ》を着せられて都を追放されたのではないかというものでした。

それでも、罪人《つみびと》として伊豆国に送られた善男さまは、それから間もなく、かの地で亡《な》くなってしまわれます。本当に冤罪《えんざい》のために不本意な最期を迎えられたのだったとすれば、善男さまがお気の毒でなりません。また、応天門の火災の真相がどのようなものであったにしましても、善男さまが都を懐《なつ》かしみながら亡くなったことは間違いないでしょう。

そして、そんな善男さまは、お亡くなりになった後、やはり、都にお戻りになったのでした。例の膳部がお仕えしていた貴族さまは、都のお屋敷にお住まいの方でしたが、善男さまが膳部に姿をお見せになった場所というのは、先ほどもお話ししましたように、膳部の奉公先のお屋敷の門のあたりだったらしいのです。

ただ、こうして都に戻られた善男さまは、怨霊《おんりょう》や悪霊《あくりょう》の類《たぐい》ではありませんでした。善男さまにお会いした例の膳部も、全く危害を加えられることはなかったと聞いております。

とはいえ、亡くなったはずの善男さまにお会いした膳部は、さぞかし肝《きも》を冷やしたことでしょう。そして、やはり、震《ふる》えながら「魂《たま》や難《かた》…」と唱《とな》えたのではなかったでしょうか。

亡霊をも惑わす黄金の魅力

右の「魂《たま》や難《かた》…」という呪文もまた、見ての通り、和歌の体裁をとっているが、これを現代語に訳すならば、「死者の霊よ、珍しいことであるぞ。私が夜道を進んでいくと、大路を満たすほどにたくさんたくさんの黄金が散らばっているのだぞ」といったところだろう。この呪文の意図するところは、どうやら、黄金をダシにして亡霊の注意を逸《そ》らすことにあったらしい。

そして、こんな呪文を使っていた王朝時代の人々は、「たくさんたくさんの黄金が散らばっている」という嘘《うそ》で亡霊を惑《まど》わすことができると考えていたことになるわけだが、ということは、王朝時代の人々の理解するところ、人間というのは、死して肉体を失った後にも、黄金の魅力には逆らえないものだったのだろうか。しかし、「たくさんたくさんの黄金が散らばっている」という虚言に引っ掛かってきょろきょろする亡霊の様子は、想像してみると、あまりにも情けない。

ただ、例の膳部《ぜんぶ》が遭遇した伴大納言《ばんだいなごん》の亡霊は、右の呪文を耳にしても、卑しい嘘に欺《あざむ》かれはしなかったことだろう。

某家の膳部が伴善男《とものよしお》の亡霊に出会ったという話は、『今昔物語集《こんじゃくものがたりしゅう》』にも見えるのだが、同書の伝えるところ、膳部の前に顕《あらわ》れた善男は、単なる亡霊ではなかった。そう、『今昔物語集』によれば、伊豆国《いずのくに》で無念のうちに没した善男は、その後、「行疫流行神《ぎょうえきりゅうこうじん》」という名の疫病《えきびょう》を司《つかさど》る神になっていたのである。そして、神になった善男は、さすがに黄金の魅力からも解放されていたに違いない。

【蛇《へび》に咬《か》まれそうになったら】

東《ひんがし》や　高《たか》雪《ゆき》の山《やま》に　槽《ふね》造《つく》る
大蛇《おろち》行《い》く方《かた》　残《の》き前《まえ》おかじ

呪文を三回唱《とな》える。

この「東《ひんがし》や…」という呪文を唱《とな》えさえしましたら、普通、蛇《へび》に咬《か》まれるようなことはないものなのですが、どうしたおつもりだったのでしょうか、福足《ふくたり》さまの場合には、眼の前に現れた蛇に対して、ずいぶんとひどいことをなさってしまわれたといいます。それで、蛇をいじめた福足さまは、その蛇の祟《たたり》でお亡《な》くなりになったのだそうでございます。

福足さまとおっしゃるのは、藤原道長《ふじわらのみちなが》さまのお兄さまでいらっしゃる藤原道兼《みちかね》さまの最初の男のお子さまでした。道長さまからしますと、甥《おい》ごさまにあたるわけです。その福足さまのお名前は、今のみなさんの耳には、少し変わったものに聞こえるかもしれませんが、これは、幼名《ようみょう》とか童名《わらわな》とかいうものでして、お子さま用の名前なのです。ですから、この福足さまも、蛇のことで幼いうちにお亡くなりになるようなことがなければ、ご元服《げんぷく》を迎えられた折、お父上の道兼さまのお名前から「兼」の字をいただいて、「かねなにやら」というようにお名前を改められるはずでしたでしょう。中納言《ちゅうなごん》になられた藤原兼隆《かねたか》さまも、蔵人頭《くろうどのとう》をお務めになった藤原兼綱《かねつな》さまも、福足さまの弟君《おとうとぎみ》でいらっしゃるのです。

それにしましても、福足さまとおっしゃるお子さまは、いわゆる「きかん坊《ぼう》」だったと伺《うかが》っております。しかも、そのきかん坊ぶりは、たいへんなものだったようです。あるときなど、大勢のご親戚の方々の前で舞《まい》を披露なさることになっていたにもかかわらず、舞台に昇るや、「嫌《いや》だなあ。ぼくは舞《ま》わないよ」などとおっしゃって、みなさまの見守る中、身に付けていらした衣裳《いしょう》をご自分で引き千切《ちぎ》りは

二十二

じめたというではありませんか。

　このとき、そのお父上の道兼さまは、真《ま》っ青《さお》なお顔でおろおろなさるばかりだったとのことですが、それは、実にごもっともなことでした。その日、道兼さまのご一族のみなさまがお集まりになっていらしたのは、道兼さまや道長さまのお父上でいらっしゃる藤原兼家《かねいえ》さまのご長寿をお祝いするためだったのです。もちろん、そのお祝いの席で福足さまが舞われるはずであった舞は、兼家さまにご覧いただくためのものでした。ですから、その舞を自ら台無しにしてしまわれた福足さまは、お祖父《じい》さまの兼家さまに対しましても、また、ご一族のみなさまに対しましても、たいへんな無礼を働かれたことになるのです。

　そんな福足さまでしたが、やはり、幼くして亡くなられたというのは、本当におかわいそうなことでございます。たぶん、まだお子さまでいらした福足さまは、「東《ひんがし》や…」のおまじないをご存じなかったのでしょう。それで、どこかで不意に蛇をお見つけになったとき、カッと口を開いた蛇の姿が怖くなって、咬みつかれたりしないようにと、ついつい乱暴なことをなさったのではないでしょうか。どなたかが「東や…」と唱えることを教えて差し上げてさえいれば、あんなことにはならずに済《す》んだのかもしれませんのに。

蛇の好物

大酒呑《おおざけの》みのことを「うわばみ」と呼ぶことはご存じだろうか。「蟒」もしくは「蟒蛇」と書いて「うわばみ」と読むのだが、そのうわばみとは、要するに、大きな蛇《へび》のことである。そして、かつての日本人の感覚では、蛇というのは酒を好むものであったらしい。

そういえば、「蟒」という漢字には、「おろち」という訓《くん》もあるが、『古事記《こじき》』に登場する八岐《やまたの》遠呂智《おろち》という大蛇も、無類の酒好きであった。この八つの頭を持つ異形《いぎょう》の大蛇は、酒を呑み過ぎて酔いつぶれたがゆえに、須佐之男命《すさのおのみこと》によって退治されてしまうのである。

こうしたことから、王朝時代の人々は、蛇に咬《か》まれそうになったとき、その難を逃れるために、蛇の大好きな酒に関わる呪文を唱えたのであった。老尼が教えてくれた「東《ひんがし》や…」という呪文の意味するところは、「東の方に聳《そび》える雪の積もった高い山では、酒槽《さかふね》で酒が造られている。けれども、大蛇《おろち》殿がそこに着く頃には、もう酒は残っていないだろうよ」というほどであろう。

和歌のようにも見える右の呪文は、要するに、酒をダシにして蛇の注意を逸《そ》らそうとするものである。王朝貴族の期待するところ、この呪文を聞いた蛇は、まだ残っているかもしれない酒を目当てに、慌てて東の方に去って行くはずだったのではないだろうか。

なお、藤原道兼《ふじわらのみちかね》の長男の福足《ふくたり》が蛇に祟《たた》られて夭折《ようせつ》したという話は、『大鏡《おおかがみ》』にも見えるのだが、その『大鏡』によれば、祟を受けるほどに蛇を虐待《ぎゃくたい》したという福足は、老尼の言う如く、たいそうなきかん坊であったらしい。

【雷《かみなり》が鳴ったら】

東に向かって「阿《あ》伽《か》多《た》」
南に向かって「利《り》帝《て》魯《ろ》」
西に向かって「須《す》陀《だ》光《こう》」
北に向かって「蘇《そ》陀《だ》摩《ま》尼《に》」

と唱《とな》える。

昔のやんごとない身分の方々の間では、「雷《かみなり》見舞《みま》い」とでもお呼びするようなことが行われていたようでございます。それは、その言葉の通り、雷が鳴りました折、大切な方のご様子をお見舞いするというものです。

一条天皇《いちじょう》さまの皇后《こうごう》さまでいらした藤原定子《ふじわらのさだこ》さまは、天皇さまのご寵愛《ちょうあい》をほとんど独り占めなさっておいででしたが、それだけではなく、天皇さまにお仕《つか》えする女房《にょうぼう》の方々や殿上人《てんじょうびと》の方々からもたいへんに慕《した》われていらっしゃいました。一条天皇さまの時代の宮中がたいへん華やいでいたということは、今のみなさんもよくご存じでしょうけれど、その華やかな宮廷の中心にいらしたのが、この定子さまだったのです。

ですから、不意に空が暗くなって雷鳴が轟《とどろ》きはじめるようなことでもありますと、ずいぶんと多くの方々が、定子さまの安否《あんぴ》を気にされたといいます。そして、雷が鳴りやんで雨が上がりますと、天皇さまの女房の方々や殿上人の方々が、次々と定子さまのもとにお見舞いに訪れたのでした。

清少納言《せいしょうなごん》さまが定子さまにお仕えする女房でいらしたということも、みなさんはよくご存じかと思いますが、そんな清少納言さまが最もお忙しかったのは、急な雷雨があった日だったようです。定子さまの身を案じて雷見舞いに駆け付ける方々の応対にあたられたのは、清少納言さまや清少納言さまとともに定子さまにお仕えしていらした女房の方々だったのですから。ある雷雨の日の清少納言さまなどは、親しくなさっていらした殿上人の方からお手紙をいただいたため、すぐにもお返事を差し上げなければいけなかったのですが、雷のことで定子さまをお見舞いするお客さまがあまりに多く、とうとう返事のお手紙をお書きになることができなくなってしまわれたのだそうです。

こうして雷見舞いなどということが行われていましたのは、もちろん、その頃のみなさまが雷というものをたいへんに恐ろしがっていらしたからに他なりません。いろいろとお気の強いところもお持ちでした清少納言さまなども、雷は大の苦手だったと伺《うかが》っております。何でも、雷が鳴ると、気が遠くなりそうにおなりだったとかで、例の返事のお手紙にしましても、そもそもは、お書きになろうとしていたところで雷が鳴りはじめたために、それどころではなくなってしまわれたらしいのです。

それでも、まだ避雷針《ひらいしん》もない時分でしたから、雷の音が聞こえはじめましたとき、頼りにできるものといいますと、雷から身を守るおまじないだけでした。ですから、その頃には、多くの貴族さまたちも、四方に向かって「阿伽多《あかた》」「利帝魯《りてろ》」「須陀光《すだこう》」「蘇陀摩尼《そだまに》」と唱《とな》えるおまじないを、ずいぶんとあてになさっていたものなのですよ。

清少納言の弱点

清少納言《せいしょうなごん》の『枕草子《まくらのそうし》』には、「神《かみ》いと恐《おそ》ろしう鳴《な》りたれば、ものも覚《おぼ》えず、ただ恐《おそ》ろしきに」といった言葉が見える。「もののも覚えず、ただ恐ろしきに」――「正気を失い、ただただ恐ろしくて」というのであるから、清少納言が雷に対して抱いていた恐怖感は、相当なものだったのだろう。どうやら、王朝時代を代表する才媛《さいえん》として知られる清少納言も、老尼の語るように、雷には弱かったらしい。

また、右の『枕草子』の記述によれば、当時の人々にとって、雷という現象は、神が引き起こす現象――「神鳴り」であったらしい。清少納言たちにしてみれば、雷鳴や雷光は、人知の及ばない超常的な現象だったのである。

そして、それゆえにこそ、王朝時代の人々は、呪術によって雷から身を守ろうとしたのであった。彼らにしてみれば、神に由来する不可思議な脅威から身を守る手段は、呪術のような不可思議なものであるはずだったのである。それは、雷の正体が放電現象であることを知らない人々の思考として、あまりにも当然のものであろう。

なお、老尼によれば、「阿伽多《あかた》」「利帝魯《りてろ》」「須陀光《すだこう》」「蘇陀摩尼《そだまに》」の四つの呪文は、紙に書いても使えるらしい。これらの呪文のそれぞれを別々の紙に書き、その四枚の紙を家屋の東南西北の柱なり壁なりに貼《は》っておけば、その家屋には雷が落ちないというのである。

しかも、この呪術が施された家屋は、落雷を含む一切の災難を寄せ付けないのだという。とすれば、右の呪術は、地震への対策にもなるのだろうか。

【脚《あし》が攣《つ》ったら】

きゅうり

右の呪文を何度も唱《とな》えながら患部を擦《さす》る。

一条《いちじょう》天皇さまのお父上であらせられる円融《えんゆう》法皇さまは、まだ円融天皇さまでいらっしゃった頃、にわかに脚《あし》に異常をお感じになったことがありました。それは、春先のことであったともお聞きしておりますが、もしかすると、その折に円融天皇さまが経験なさったのは、今のみなさんが「脚が攣《つ》る」と表現する症状だったのかもしれません。特に脚がお悪かったわけでもない円融天皇さまでしたから、急に脚が攣ったとなりますと、脚に強烈な痛みをお感じになることにも、脚をお思いになる通りに動かせないことにも、さぞかし驚かれたことでしょう。

このとき、円融天皇さまの脚をお治しするために宮中に集められましたのは、医師《くすし》さまと験者《げんじゃ》さまと陰陽師《おんみょうじ》さまとであったそうです。

医師さまというのは、お医者さまのことですが、その頃のお医者さまである医師さまたちも、今のお医者さまたちと同じように、多くの人々からたいへんに頼りにされていたのです。円融天皇さまのために喚《よ》ばれた医師さまは、たぶん、天皇さまの脚のご様子を診察なさったうえで、何かお薬などを差し上げたのでしょう。

また、験者さまというのは、加持《かじ》や祈祷《きとう》などにたいへんに優れたお坊《ぼう》さまでしたから、あの頃の身分のある方々は、病気をしたときにも、ケガをしたときにも、験者さまたちに快復のための加持や祈祷などをお願いするものだったのです。もちろん、円融天皇さまのために験者さまが喚《よ》ばれましたのも、そうした事情からだったはずです。

そして、医師さまや験者さまとともに陰陽師さまが喚ばれましたのは、きっと、円融天皇さまの脚の異常が何か危険な祟《たたり》によるものではないかどうかが心配されていたためだったのでしょう。昔の高貴な方々というのは、病気やケガをされると、必ず祟のことを気になさったものですが、そんなとき、みなさまのために祟があるかないかを占《うらな》われたのが、陰陽師さまたちでした。

けれども、そのとき、円融天皇さまの脚を治して差し上げることができたのは、医師さまでも験者さまでも陰陽師さまでもなかったかもしれません。もしかしたら、天皇さまに間近くお仕《つか》えする女房《にょうぼう》の方々あたりが、「きゅうり、きゅうり」と唱《とな》えながら脚を擦《さす》るおまじないをなさって、たちどころに円融天皇さまの脚をお治ししたかもしれないのです。そのおまじないのことは、貴族さまたちもよくご存じだったはずですから。

もっとも、その頃、身分の低い下々《しもじも》の者たちの間では、脚が攣ったとき、「きゅうり」のおまじないだけでどうにかすることが当たり前でした。医師さまや験者さまや陰陽師さまのお世話になるなどというのは、私たちには、とてもとても贅沢《ぜいたく》なことだったのです。

ダジャレの呪文

『小右記《しょうゆうき》』というのは、「小野宮右大臣《おののみやうだいじん》」という号で知られる藤原実資《ふじわらのさねすけ》という人物の日記であるが、その『小右記』の天元《てんげん》五年（九八二）二月四日条には、同年正月の末日の頃、円融《えんゆう》天皇の脚《あし》に異常があって医師《くすし》・験者《げんじゃ》・陰陽師《おんみょうじ》が宮中に喚《よ》ばれたことが、確かに記されている。どうやら、天皇に仕《つか》える人々の間では、小さくはない騒ぎになっていたらしいのである。

しかし、ここでの円融天皇の脚の異常が単に脚が攣《つ》ったというだけのものであったとすれば、医師や験者や陰陽師を動員するに至った騒動は、ちょっとした喜劇であろう。もちろん、その騒ぎの渦中にあった人々は、喜劇を演じているつもりなどなく、それどころか、何か深刻な事態に直面していると感じてさえいたのだろうが、そうした真剣さがあればあるほど、右の一件のような喜劇は、その喜劇性を増すというものではないだろうか。

ときに、足が攣るという症状を意味する「こむらがえり」という言葉は、既に王朝時代には使われていたらしい。どうやら、その頃、「転筋」という漢語が「こむらがえり」と読まれていたようなのである。現代では、「こむらがえり」という言葉を漢字を使って表記する場合、「腓返り」と書くことが普通であるが、字面を比べるならば、「腓返り」よりも「転筋」の方が痛そうに思えてならない。

なお、そんな「転筋」を治すために使われた「きゅうり」という呪文は、これを教えてくれた老尼によれば、ダジャレに由来するものであるらしい。「きゅうり」の「きゅう」は、お灸《きゅう》の「きゅう」だというのである。

【胸の病気を患《わずら》ったら】

棟《むね》の上《うえ》の　植木《うえき》をすれば　枯《か》れにけり

乞《こ》ひ《い》の雨《あめ》降《ふ》れ　植木《うえき》生《は》やさん

呪文を三回唱《とな》える。

藤原定子《ふじわらのさだこ》さまをお妃《きさき》にお迎えになった一条《いちじょう》天皇さまは、学問のお好きなたいへんに賢い天皇さまであったとお聞き申し上げておりますが、それだけではなく、ずいぶんとお優しい天皇さまでもあらせられました。特に、定子さまや定子さまにお仕《つか》えする女房《にょうぼう》の方々に対しましては、本当にいろいろと細かいお気遣いをなさっていたそうです。

あるとき、定子さまの女房のお一人が、胸の病気を患《わずら》われて、宮中の一室で寝込まれたことがございましたが、このことをお耳になさった一条天皇さまは、早速、すばらしいお声をお持ちのお坊《ぼう》さまにお命《めい》じになって、ご病気の女房の方が臥《ふ》せってらっしゃるお部屋に向かわせ、そこでお経を読ませなさったのだそうです。もちろん、お坊さまが病人のためにお経をお読みになるのは、病気を治そうとしてのことです。

ここで一条天皇さまがご病気の女房の方のもとに遣《つか》わされたお坊さまは、本来、天皇さまのお身体《からだ》をお守りするために宮中に詰めていらしたお坊さまでした。ですから、そのお坊さまは、たいへんに徳の高い方だったことでしょう。そして、そのような偉いお坊さまのお読みになったお経は、胸の病気に対しましても、さぞかし大きな効果を見せたに違いありません。

ただ、このとき、女房の方が患っていらした胸の病気を治したのは、そのお坊さまの読まれたお経だけではなかったかもしれません。

お坊さまが女房の方のお部屋でお経を読みはじめられたとき、そこには、幾人もの女房の方々がいらしたのだそうです。そうです、ご病気の女房の方とご一緒に定子さまにお仕えしていらした女房の方々が、お見舞いのためにそのお部屋にお見えになっていたのです。そのお見舞いのご一行の中には、清少《せいしょう》納言《なごん》さまのお姿もあったとお聞きしております。

そのため、お経をお読みになるためにいらしたお坊さまも、なかなかお経に集中することがおできになりませんでした。そのお口はお経を唱《とな》えていても、お眼の方はお見舞いの女房のみなさまの方を向きがちだったのだそうです。きっと、その場にいらした女房の方々には、お美しい方が少なくなかったのでしょう。お坊さまとはいえ、やはり、殿方《とのがた》には違いないということでしょうか。

まあ、それはそれとしまして、そのとき、お見舞いの女房の方々は、もしかすると、ご同僚のご病気をお治ししようと、よく知られたおまじないをなさっていたのかもしれません。もちろん、そのおまじないといいますのは、「棟《むね》の上《うえ》の…」と唱えるおまじないのことです。そこにいらしたみなさまは、ご友人が一日でも早くよくなるようにと、代わる代わる「棟の上の…」と口吟《くちずさ》まれたのではないでしょうか。

呪文に織り込まれた遊び心

右の「棟《むね》の上《うえ》の…」という呪文も、和歌のような姿をしているが、その現代語訳は、「屋根のてっぺん（棟《むね》）の上に木を植えたけれど、枯れてしまったよ。待ち望んでいる雨（乞《こ》ひの雨《あめ》）よ、どうか降ってくれ。この植木を育てたいのだ」というところであろう。

こうして直訳しただけでは、右の呪文は、植木に関する呪文のようにしか見えない。が、この呪文に関しては、植木が植えられる場所が「棟」であることに注目してほしい。そう、「棟」が「胸」をかけているのである。

そして、右の呪文は、「棟」「乞ひ」の二つの言葉をそれぞれ「胸」「恋」に置き換えると、さらに違った顔を見せるようになる。すなわち、「胸の上の／植木をすれば／枯れにけり／恋の雨降れ／植木生やさん」という恋の歌になるのである。その意味するところは、「木を植えるようにして胸に恋心を芽生《めば》えさせたけれど、枯れてしまったよ。恋の雨よ、どうか降ってくれ。植木を育てるように恋心を育《はぐく》みたいのだ」というほどであろうか。

しかし、このように解釈してみたところで、やはり、右の呪文が胸の病気を治すためのものであるような気がしない。これでは、まるで恋患いを治すための呪文のようである。が、これこそが、王朝時代の人々の遊び心なのかもしれない。

なお、藤原定子《ふじわらのさだこ》の女房《にょうぼう》が胸の病気を患った折、一条《いちじょう》天皇が読経僧《どきょうそう》の手配をしたというのは、『枕草子《まくらのそうし》』にも見える話である。そして、清少納言によれば、その読経僧は、確かに、見舞いの女房たちに気をとられていたらしい。

【夏の暑さで体調を崩したら】その一

疝《しらたみ》は　幾瀬《いくせ》渡《わた》りて　伝《つ》つる苦《く》ぞ
幾《いく》瀬《せ》渡《わた》りて　九瀬《ここのせ》ぞかし

呪文を三回唱《とな》える。

あの安倍晴明《あべのせいめい》さまのご子息の安倍吉平《よしひら》さまは、お父上と同じように、陰陽師《おんみょうじ》としてたいへんに優れていらっしゃいました。何でも、晴明さまがお亡《な》くなりになってから十年ほどが経ちました頃には、多くの貴族さまたちが「陰陽師として安倍吉平に匹敵する者はいないだろう」とお認めになっていたというではありませんか。

ところが、そんな吉平さまでも、ときにはたいそう恰好《かっこう》の悪い失敗をなさることがございました。

三条天皇《さんじょう》さまの蔵人頭《くろうどのとう》を務めていらした藤原資平《ふじわらのすけひら》さまが、急なご病気のためにお倒れになったのは、ある年の七月の半ばのことです。周囲の方々がご覧になったところでは、その折の資平さまのご病気は、霍乱《かくらん》に夏風邪が重なったもののようだったといいます。昔の人々が「霍乱」と呼びましたのは、暑さにあてられて嘔吐《おうと》や下痢《げり》の症状を見せるという病気ですから、今のみなさんが「日射病」や「熱射病」と呼ぶ病気に相当しましょうか。

けれど、このとき、陰陽師の安倍吉平さまは、資平さまのご病気が霍乱や夏風邪であるというみなさまの判断を、真っ向から否定なさいました。資平さまのお父さまの藤原実資《さねすけ》さまからのご依頼によって資平さまのご病気の原因を占《うらな》われた吉平さまは、占いの結果としまして、悪霊《あくりょう》が資平さまを苦しめているという判断をお示しになったのです。実資さまが吉平さまより伝えられたところによりますと、資平さまのご自宅に住み着く悪霊こそが、資平さまのご病気の原因に他なりませんでした。

ただ、資平さまが現に下痢の症状で苦しんでいらしたことをご存じであった実資さまは、やはり、資平さまのご病気が霍乱や夏風邪である可能性を高く見ていらしたらしく、吉平さまの占いの結果にはあまり信を置かれなかったのだそうです。その日、資平さまのお身体《からだ》から悪霊を追い出すための呪術が手配されることはありませんでしたが、それは、実資さまをはじめとする資平さまの周囲の方々が、吉平さまのご判断に納得されていなかったためだったのかもしれません。みなさまのお考えでは、資平さまのご病気は、霍乱に夏風邪が重なったものであるはずだったのです。

もちろん、そんなみなさまは、それぞれに「疝《しらたみ》は…」と唱《とな》えるおまじないを試されたことでしょう。資平さまが霍乱で苦しんでいらっしゃるとお考えであった方々ならば、このおまじないを頼みとなさらなかったはずがないのです。

そして、その翌日、再び資平さまのご病気について占われた吉平さまは、もう悪霊のことはおっしゃいませんでした。前日の占いが間違っていたことをお認めになり、ご判断を変更なさったのです。それは、吉平さまにとりましては、本当に不面目《ふめんぼく》なことでしたろう。

霍乱の腹痛

陰陽師《おんみょうじ》の安倍吉平《あべのよしひら》が藤原資平《ふじわらのすけひら》の病気に関する占《うらな》いをしくじったことは、長和《ちょうわ》四年（一〇一五）七月十二日および同十三日の『小右記《しょうゆうき》』に詳しく記されている。『小右記』というのは、資平の父親の藤原実資《さねすけ》の日記なのだから、その『小右記』に右の一件についての詳細な記録が見えるのは、実に当たり前のことであろう。そして、『小右記』に見える吉平の失敗は、まさに老尼《ろうに》の話してくれた通りのものなのである。

だが、この程度の失態で吉平が人々からの信頼を失うことはなかった。というのも、右の一件から半年ほど後の長和五年正月八日の『小右記』が、当時の貴族社会において「陰陽師として安倍吉平に匹敵する者はいないだろう」との評価が定まっていたことを伝えているからである。もちろん、このような評価は、実資によっても共有されていたのだろう。

ところで、老尼が教えてくれた「疝《しらたみ》は…」という呪文を現代語に訳すとすれば、「疝というのは、幾つの瀬を渡るまで続く苦しみなのだろうか。幾つもの瀬を渡って九つの瀬を渡るまでであるようだ」といったところになるだろう。この呪文もまた、和歌の姿をしているが、その直接に意味するところは、「疝」と呼ばれる苦痛に関することである。

「疝」という漢字は、下腹部の引き攣《つ》ったような痛みを意味するようだが、その痛みは、「霍乱《かくらん》」とも呼ばれる日射病や熱射病に罹《かか》った際の下痢《げり》に付随するものでもあるのだろう。そして、日射病や熱射病の下痢の苦痛がしつこく続くものであることは、「疝は…」の呪文の言う通りであろう。

【夏の暑さで体調を崩したら】その二

日向《ひむ》かしや　日向《ひゅうが》の海《うみ》に　棹《さお》立《た》てて
それを見《み》る見《み》る　あへ《え》れ白波《しらなみ》

呪文を三回唱《とな》える。

いずれかの年の六月のことでしたか、幾人もの方々が藤原為盛《ふじわらのためもり》さまのお屋敷の門前に座り込んでしまわれたことがございました。越前守《えちぜんのかみ》をお務めになった為盛さまは、受領《ずりょう》さまとしてたいへんに裕福にお暮らしになっていたはずなのですが、どのような事情がございましたか、あちらこちらに負債をお持ちだったようなのです。しかも、為盛さまは借財の返済にはひどく消極的な方でいらしたとかで、ついにそのお屋敷の門前で取り立ての方々の座り込みがはじまるようなことになってしまったのでした。

ただ、この座り込みに参加された方々は、結局、たいへんな目に遭《あ》ってしまわれます。

あの頃の暦《こよみ》の六月といいますと、今の暦では七月の半ばから八月の末にかけての時期ですから、一年でも最も暑い頃でした。そして、その旧暦の六月に、早朝から為盛さまのお屋敷の門前に座り込みはじめたみなさまは、炎天の昼下がりの頃ともなりますと、日射病やら熱射病やらに罹《かか》られてよれよれになっておいでだったといいます。

ですから、為盛さまより「屋敷の中でお酒やお食事を差し上げたい」とのお申し出があったとき、取り立ての方々は、本来の目的もお忘れになってたいそう喜ばれたものでした。為盛さまよりのお招きを受けたみなさまは、すぐにもお屋敷の門をくぐったのだそうです。

けれど、取り立てのみなさまは、為盛さまのお誘いを受けるべきではありませんでした。

既に日射病や熱射病にやられていました取り立ての方々は、とにかく水分がほしいところでした。ですが、みなさまをお屋敷にお招きした為盛さまは、なかなか飲み物をお出ししようとはせず、その代わりに、塩辛《しおから》や塩漬《しおづ》けといった喉《のど》の渇《かわ》きを助長するような食べ物ばかりを延々と出し続けます。そして、取り立てのみなさまも、さらに喉が渇くのがわかっていながら、眼の前に置かれた塩辛や塩漬けを次々とお口になさったのでした。どなたも、朝からほとんど何も召し上がっていなかったためです。

こうして徹底的に喉を渇かしたみなさまは、ついにお酒が運ばれますと、ものすごい勢いで喉を潤《うるお》しはじめました。どなたもが出されたお酒をがぶ呑《の》みなさったのだそうです。

ところが、ここで為盛さまが取り立てのみなさまに振る舞われたお酒は、幾らか悪くなったものでした。喉の渇きに苦しんでいらしたみなさまは、全くお気づきにならなかったのでしょうが、みなさまががぶがぶと呑まれていたのは、半ば腐ったお酒だったのです。

もちろん、そんなお酒を大量にお呑みになった方々は、既に日射病や熱射病のために半ばお腹を壊していたこともありまして、たちどころに猛烈な下痢《げり》に苦しめられることになりました。そして、そんなみなさまにできたことといえば、為盛さまのご計略に引っ掛かったことを悔やみながら、「日向《ひむ》かしや……」と唱《とな》えることだけだったに違いありません。

白波の象徴するもの

右の「日向《ひむ》かしや…」という呪文の現代語訳は、「太陽が向かっていく日向国《ひゅうがのくに》の海に棹《さお》を立てて、それを目印にして白波《しらなみ》に耐《た》えろよ」といった感じとなる。この呪文が和歌のようなかたちをしているということならば、誰の眼にも明らかであろうが、その意味するところは、あまりよくわからない。

それでも、強いて理解しようとするなら、和歌の結句にあたる「あへれ白波」――「白波に耐えろよ」という部分こそが、この呪文の中核であろうか。

和歌においては初句に相当する「日向かしや」――「太陽が向かっていく」という部分などは、これに続く「日向の海に」という部分の「日向」という語を飾る枕詞《まくらことば》に過ぎず、何かを意味するわけではない。また、これに続く「日向の海に」「棹立てて」「それを見る見る」の各句にしても、その意味するところは、結局のところ、「あへれ白波」という一句に集約されてしまうように思われる。

そして、「あへれ白波」――「白波に耐えろよ」という一句が本当に意味するところは、おそらく、「日射病や熱射病に付随する下痢《げり》の苦痛に耐えろよ」ということであったろう。そう、右の呪文に言う「白波」は、波のように繰り返し繰り返し訪れる下痢の苦痛の比喩《ひゆ》として理解されるわけである。

なお、炎天下に越前守藤原為盛《えちぜんのかみふじわらのためもり》の邸宅の門前での座り込みを敢行した人々が、不覚にも「白波」に襲われるはめになって逃げ帰ったという話は、『今昔物語集《こんじゃくものがたりしゅう》』によっても伝えられている。

【馬がお腹を壊したら】

イ　白波《しらなみ》を　筑紫《つくし》の君《きみ》の　見《み》つ門《かど》に
繫《つな》ぐ我《わ》が馬《むま》　誰《たれ》か拐《かど》らむ

ロ　塩山《しおやま》に　塩塚《しおつか》作《つく》る　塩縄《しおなわ》に
我《わ》が馬《むま》繫《つな》ぐ　馬《むま》の腹《はら》止《や》む

①馬の左側の耳元でイの呪文を三回唱《とな》える（これを他人に聞かれてはいけない）。
②鼻面《はなづら》が東に向いた状態を基準として馬を三回引き回す。
③馬を横たわらせて腹を踏む。
④馬の耳元でロの呪文を唱える。

昔の貴族さまたちのお屋敷では、普通、何頭もの馬が飼われているものでした。もちろん、その貴族さまのご身分が高ければ高いほど、お飼いになる馬の数も多くなったわけですけれども、高い位《くらい》をお持ちであったことに加えまして大の馬好きでいらした藤原道長《ふじわらのみちなが》さまなどは、お屋敷の敷地の中に競馬《くらべうま》を行うための馬場《ばば》までお設《しつら》えになって、何十頭もの馬を飼っていらしたのだそうです。

ですから、あの頃の都には、貴族さまたちのお屋敷に馬番《うまばん》としてお仕《つか》えする者たちが、本当に数多く住んでおりました。「厩舎人《うまやとねり》」「馬舎人《うまのとねり》」「居飼《いがい》」「馬飼《まかい》」などというのは、どれも昔の人々が使いました馬番たちの呼び名でございます。ただ、同じ貴族さまの馬番でも、「厩舎人」やら「馬舎人」やらと呼ばれた者どもと、「居飼」やら「馬飼」やらと呼ばれた者どもとでは、幾らか身分の違いのようなものがありましたようで、確か、「厩舎人」「馬舎人」と呼ばれる馬番たちの方が、「居飼」「馬飼」と呼ばれる馬番たちよりも、少し偉そうにしていたものです。

それにしましても、貴族さまたちにお仕えする馬番たちといいますのは、「厩舎人」や「馬舎人」と呼ばれた者でも、「居飼」や「馬飼」と呼ばれた者でも、それ以外の人々からはずいぶんと怖がられていたものでした。

ご即位なさる以前の皇太子でいらした頃の三条《さんじょう》天皇さまは、居貞親王《いやさだしんのう》さまとおっしゃいましたが、あるとき、藤原道長さまの従者の方が居貞親王さまのお屋敷に監禁されるということがございました。何でも、その従者の方は、道長さまが所有されていたお屋敷の周辺の道路を補修する作業をしていたところを、いきなり殴《なぐ》り倒されたうえで拉致《らち》されたということだったかと存じます。そして、こんな乱暴なかたちで道長さまの従者を虜《とりこ》にしたのは、居貞親王さまの馬番の一人でした。また、こうして掠《さら》われた従者の方は、親王さまのお屋敷に連れ込まれると、厩《うまや》の柱に縛り付けられたと伺《うかが》っております。

このとき、親王さまの馬番が道長さまの従者にたいへんな狼藉《ろうぜき》を働くことになった事情につきましては、私は詳しいことを知りませんが、あの頃にしますと、どこかの貴族さまの馬番が他の貴族さまの従者や馬番を捕らえて厩に拘禁《こうきん》するというのは、そうそう珍しいことではありませんでした。貴族さまたちにお仕えする馬番たちというのは、そんな乱暴な者ばかりだったのです。

それでも、あの頃の馬番たちというのは、馬の世話をすることに関しましては、本当に優秀なものでした。面倒を見ている馬が急にお腹を壊したときにも、「白波《しらなみ》を…」「塩山《しおやま》に…」と唱《とな》えるおまじないなどを使って、すぐに馬を元気にすることができたほどです。

よく知られた比喩としての白波

後に三条《さんじょう》天皇として即位する居貞親王《いやさだしんのう》の馬番が左大臣《さだいじん》藤原道長《ふじわらのみちなが》の従者を拉致《らち》・監禁したというのは、寛弘《かんこう》八年（一〇一一）の四月十日の『御堂関白記《みどうかんぱくき》』に記録が残されているように、確かな史実である。『御堂関白記』というのは、他でもない道長の日記であるから、右の事件が王朝時代に実際に起きたものであることについては、疑いを差し挟む余地はないだろう。

そして、その『御堂関白記』によれば、ここで居貞親王の馬番が道長の従者を掠《さら》うようなことをしでかしたのは、その従者が以前に件《くだん》の馬番を殴《なぐ》ってケガをさせていたためであったらしい。すなわち、問題の馬番にしてみれば、例の従者の拉致・監禁は、正当な報復に他ならなかったのである。

王朝時代というのは、あまり警察や司法があてにならない自力救済の時代であった。それゆえ、何らかの犯罪被害に遭《あ》った人が自らの手で加害者を捕らえたり罰したりするというのは、当時、そう珍しいことではなかったのである。そして、貴族諸家の厩舎人《うまやとねり》や居飼《いがい》には、そうした自力救済に関して積極的な輩《やから》が少なくなかったらしい。

なお、老尼が教えてくれた「白波《しらなみ》を…」「塩《しお》山《やま》に…」の二つの呪文は、それぞれ「筑紫《つくし》の君が白波を見た門に繋《つな》いだ私の馬を、いったい誰が盗むだろうか」「塩山に塩塚を作るための塩縄に私の馬を繋げば、馬の下痢《げり》は止まるだろう」とでも訳しておけばいいだろう。ここにもまた、下痢を白波に喩《たと》えることが見えるが、もしかすると、これは、当時の人々にとっては馴染《なじ》みの比喩《ひゆ》だったのだろうか。

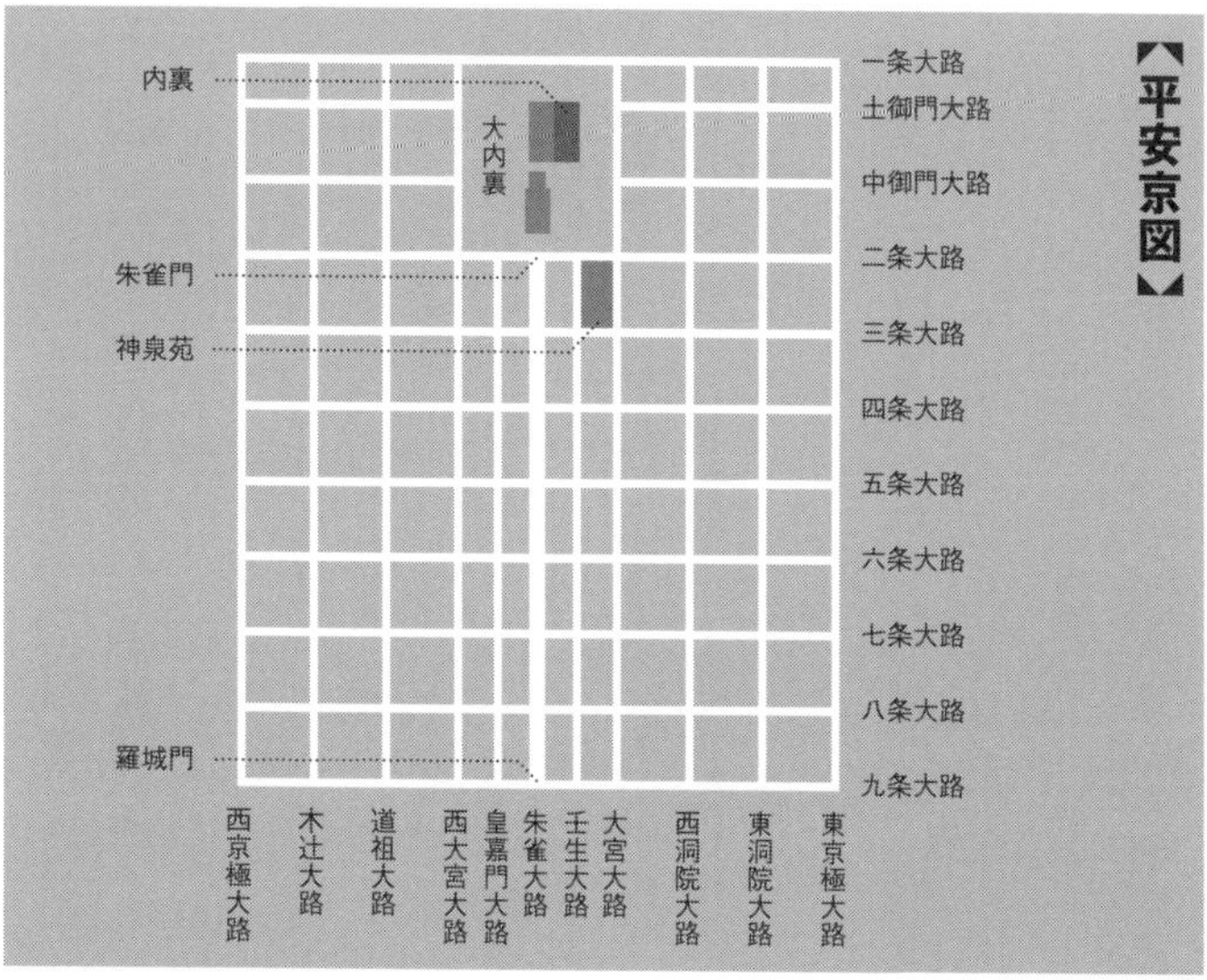
【平安京図】
内裏
大内裏
朱雀門
神泉苑
羅城門
一条大路
土御門大路
中御門大路
二条大路
三条大路
四条大路
五条大路
六条大路
七条大路
八条大路
九条大路
西京極大路
木辻大路
道祖大路
西大宮大路
皇嘉門大路
朱雀大路
壬生大路
大宮大路
西洞院大路
東洞院大路
東京極大路

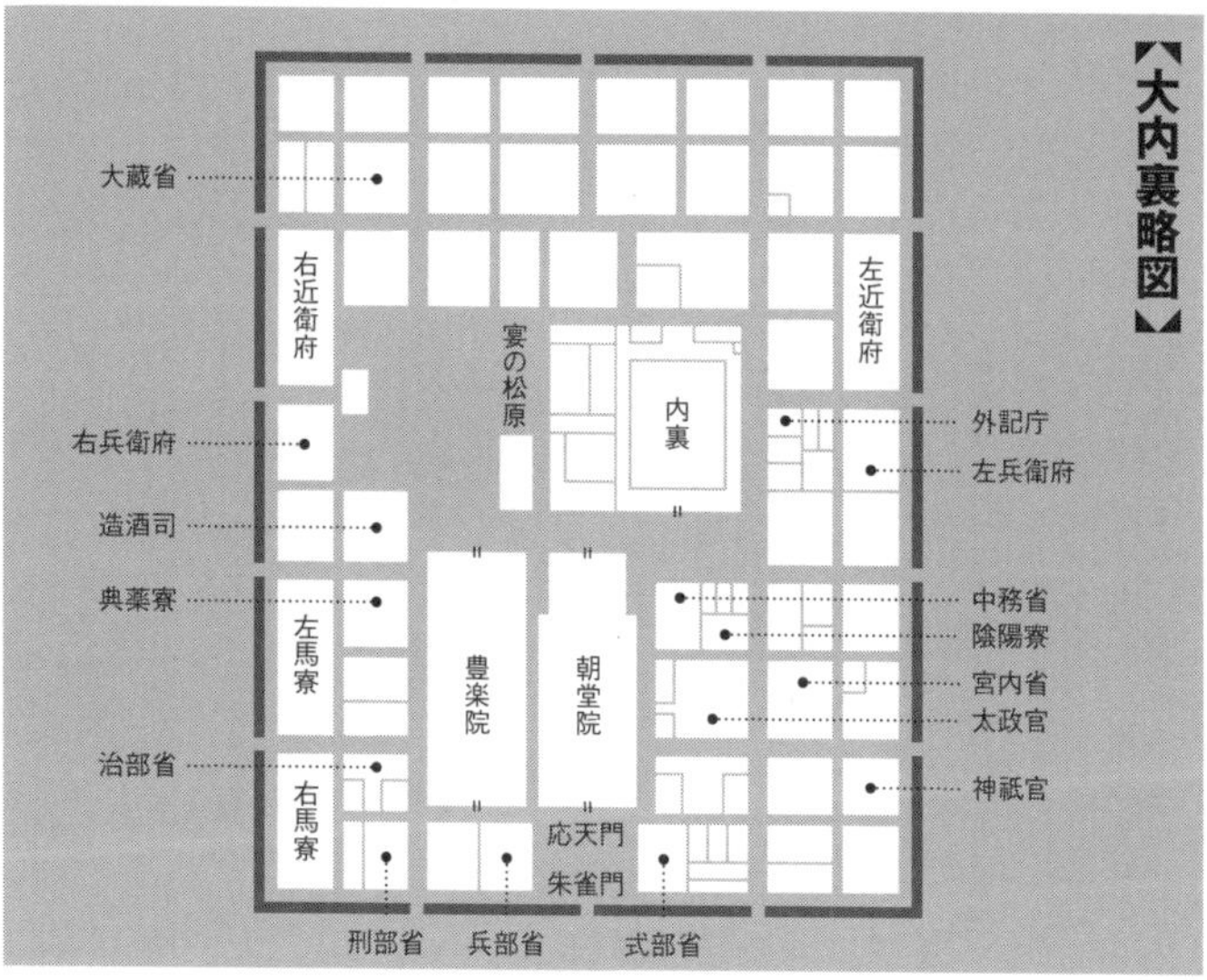
【大内裏略図】
大蔵省
右近衛府
左近衛府
宴の松原
内裏
外記庁
右兵衛府
左兵衛府
造酒司
典薬寮
中務省
左馬寮
豊楽院
朝堂院
陰陽寮
宮内省
太政官
治部省
右馬寮
神祇官
応天門
朱雀門
刑部省
兵部省
式部省

第二章

悪いことが起きる前に

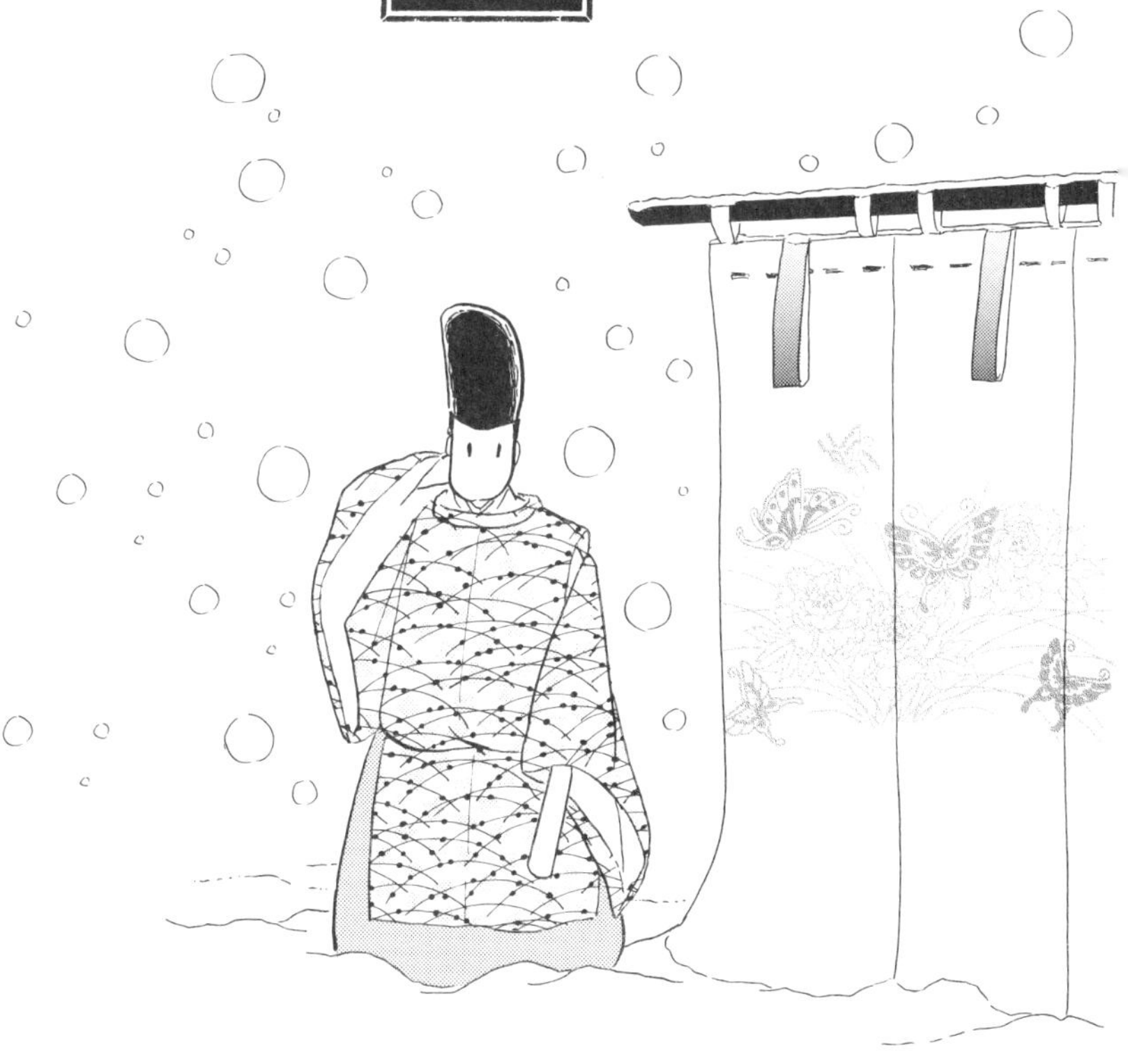

【くしゃみが出たら】

休《く》息《そく》万《まん》命《めい》急《きゅう》々《きゅう》如《にょ》律《りつ》令《りょう》

呪文を唱《とな》える。

今のみなさんは「くしゃみ」という言葉を使いますけれども、これは、もともとは「くさめ」という言葉でございました。そして、その「くさめ」という言葉は、昔の人々がくしゃみをしたときに唱《とな》えました「休息万命《くそくまんめい》…」という呪文に由来しております。「くそくまんめい」という唱え言《となごと》が約《ちぢ》まって「くさめ」になったというわけなのです。

くしゃみをしたら「休息万命…」と唱えますのは、あの頃には当たり前の習慣でございましたが、そうですね、どうしてそんなことをしなくてはいけなかったのでしょう。今まで深く考えたことはございませんでしたが、「休息万命…」という呪文から察しまするに、もしかしますと、昔の人々はくしゃみをすると寿命が縮むと考えていたのかもしれません。それとも、あの頃の人々は、くしゃみが何かの不幸を招くとでも思っていたのでしょうか。

ただ、いずれにしましても、くしゃみといいますのは、昔の人々にとりまして、とにかく縁起の悪いものでございました。そうでなければ、清少納言《せいしょうなごん》さまがあれほどつらい思いをなさることもなかったでしょうに。

ある日のこと、藤原定子《ふじわらのさだこ》さまにお仕《つか》えする女房《にょうぼう》のお一人として定子さまのお側《そば》に控《ひか》えていらした清少納言さまは、全く不意に、定子さまから「あなたは私のことを慕《した》っていますか」と尋ねられたのだそうです。もちろん、この定子さまの無邪気なご質問は、清少納言さまをびっくりさせることになりましたが、かねてより定子さまこそを世界で最もすばらしい女性と見ていらした清少納言さまは、慎み深く「お慕い申し上げないことがございましょうか」とお答えになったといいます。

けれど、清少納言さまのお気持ちは、そのまま定子さまに受け入れていただくことができませんでした。それどころか、「お慕い申し上げないことが…」という清少納言さまのお言葉は、にわかに定子さまのご機嫌を損ねてしまったのです。清少納言さまのお返事をお聞きになられた定子さまは、不愉快そうに「もういいですわ」とおっしゃるや、その場に清少納言さまを残したままご寝室に引き籠《こも》ってしまわれたというではありませんか。

ですが、こんなことになりましたのは、けっして清少納言さまに非があってのことではございません。この日の清少納言さまは、ただただご不運に見舞われただけだったのです。

実のところ、定子さまがご機嫌を損じられましたのは、清少納言さまが「お慕い申し上げないことが…」とおっしゃったそのとき、宮中のいずこからか、どなたかの大きなくしゃみが聞こえてきたためでした。あの頃のみなさまは、くしゃみをたいへんに不吉なものと見做《みな》していらっしゃいましたから、その折の定子さまは、くしゃみとともに耳にされた清少納言さまのお返事に、どことなく厭《いと》わしいものをお感じになったというわけなのです。

からかわれる清少納言

『枕草子《まくらのそうし》』によれば、清少納言《せいしょうなごん》を窮地に追い込んだ例のくしゃみは、一条《いちじょう》天皇に仕《つか》える女房《にょうぼう》たちの詰《つ》め所《しょ》のあたりから聞こえてきたものであったらしい。したがって、そのくしゃみの主は、一条天皇の女房たちの誰かであったことになりそうだが、その誰かは、当然のことながら、宮中に響き渡るほどに大きなくしゃみをしたとき、老尼《ろうに》の教えてくれた「休息万命《くそくまんめい》…」という呪文を唱《とな》えたことだろう。

この「休息万命…」という呪文は、その字面から見て、生命力の回復を目的とするものかもしれない。「休息」といい、「万命」といい、何やら身体《からだ》にはよさそうな言葉である。

そして、そうだとすれば、やはり、くしゃみというのは、老尼の推測する如《ごと》く、大昔の日本において、人々の寿命を削ったり人々に不幸をもたらしたりするものだったのかもしれない。また、そんなくしゃみは、王朝時代の人々にとって、聞こえるだけでも縁起の悪いものだったのだろう。

とはいえ、藤原定子《ふじわらのさだこ》ほどに聡明な女性であれば、同時にくしゃみが聞こえたとしても、それだけで本心から他人の言葉を訝《いぶか》しんだはずもない。老尼が話してくれた清少納言の不幸は、たぶん、定子の遊び心に発するものだったのだろう。その日の清少納言は、定子にからかわれただけだったのではないだろうか。

『枕草子』に見る限り、藤原定子という女性は、かなりの悪戯《いたずら》好きであったらしく、また、同じく『枕草子』によると、右の一件があった頃の清少納言は、まだまだ初々《ういうい》しい新米の女房だったのである。

【悪い夢を見たら】その一

唐国《からくに》の　苑《その》の御嶽《みたけ》に鳴《な》く鹿《しか》も

違《ちが》へ《え》をすれば　許《ゆる》されにけり

呪文を唱《とな》える。

権大納言《ごんのだいなごん》にまでなられた藤原行成《ふじわらのゆきなり》さまは、たいそうお美しい字をお書きになった能筆家《のうひつか》として、今でもたいへん著名な方でございましょうが、その行成さまは、実を申しますと、夢というものに興味をお持ちの方々の間では、いろいろと不思議な夢をご覧になった方としても有名なのです。

あれは、そう、一条《いちじょう》天皇さまの時代が終わりになる直前のことになります。

その頃の行成さまは、まだ権中納言《ごんのちゅうなごん》でいらっしゃいましたが、たいへんにまじめで勤勉な行成さまは、一条天皇さまが最も厚くご信頼をお置きになられた方でした。行成さまというのは、それはそれはご立派な方だったのです。

そんな行成さまが、ある夏の夜、空から大雪が舞って寒くなるという夢をご覧になりました。その夢の中の雪は、天から降ると、なぜか屋内に降り積もったといいます。

この不可解な夢は、これをご覧になった行成さまにとりまして、一条天皇さまのご崩御《ほうぎょ》を予感させるものでした。一つには、天から何かが降ってくることが、天皇さまの身に何かがあることを予感させたのだそうです。また、いま一つには、夏の雪というものが、どなたかの死を予感させたのだそうです。

そして、たいへんに驚きましたことに、行成さまが大雪の夢をご覧になった夏の終わり、本当に一条天皇さまのご崩御のことが起きたのでした。寛弘《かんこう》八年の六月の二十二日のことでございます、国中の誰からも慕《した》われた一条天皇さまが、三十二歳のお若さで身罷《みまか》られたのです。

ですから、行成さまのご覧になった大雪の夢というのは、必ずや、一条天皇さまのご崩御を報《しら》せるものでございました。私はそう信じております。

そういえば、一条天皇さまがお亡《な》くなりになる以前、そのことを告げる夢をご覧になったのは、行成さまだけではありませんでした。どなたかが、一条天皇さまのお墓に関する夢をご覧になっていたそうなのです。もしかすると、このことは、行成さまもお聞き及びになっていたかもしれません。

いずれにしましても、こうした天皇さまのご不幸にまつわる夢をご覧になった方々は、きっと、その夢が現実にならないようにするためのおまじないをなさっていたことと存じます。

夢が現実にならないようにすることを「夢違《ゆめたがえ》」と申しますが、あの頃のみなさまは、夢違のためのおまじないをいろいろとご存じだったはずですから。そうしたおまじないの中でも最も簡単なものが、確か、「唐国《からくに》の…」と唱《とな》えるだけのものであったかと存じます。

崩御を暗示する夢

一条《いちじょう》天皇が崩御《ほうぎょ》する直前の時期に藤原行成《ふじわらのゆきなり》が大雪の夢を見たというのは、どうやら、本当のことであるらしい。

藤原行成という人物は、まめに日記を付けていたのだが、権大納言《ごんのだいなごん》という地位に因《ちな》んで後に『権記《ごんき》』と名付けられた行成の日記は、そのかなりの部分が現代にまで伝わっている。そして、その『権記』によると、寛弘《かんこう》八年（一〇一一）の夏の終わり頃、当時は権 中納言《ごんのちゅうなごん》であった行成が、確かに、大雪の屋内に降り積もる夢を見ているのである。

また、その『権記』には、老尼の話してくれたもう一つの予知夢のことまでもが詳細に記録されているのだが、これによれば、その夢というのは、天から舞い降りた大勢の検非違使《けびいし》たちが、鳥戸野《とりべの》において天皇の陵墓《りょうぼ》を築くべき場所を選定するというものであった。

平安京東郊の鳥戸野がかつては葬送の地であったことは、広く知られていよう。また、ここに登場する検非違使というのは、警察業務を担当した官人なのだが、確かな史実として、王朝時代の検非違使たちは、陵墓を造るべき地を選ぶ作業にも携わっていた。陵墓・鳥戸野・検非違使の夢は、崩御の予兆である。

ちなみに、夢違《ゆめたがえ》のための「唐国《からくに》の…」の呪文は、和歌として見ることもできるが、これを強いて現代語訳してみると、「唐国の苑《その》の御嶽《みたけ》で鳴く鹿も、夢違をすれば許されたものだ」といったところとなる。どうにも、要領を得ない歌意である。が、この一首において重要なのは、夢違を意味する「違《ちが》へ」という言葉が出てくることなのではないだろうか。

【悪い夢を見たら】その二

悪《あく》夢《む》は草《くさ》木《き》に着《つ》き、好《こう》夢《む》は宝《ほう》玉《ぎょく》と成《な》る

①左手に身代《みが》わりの人形《ひとがた》を持ち、右手に水の入った器を持つ。
②東向きの戸あるいは窓のところで右の呪文を三回唱《とな》える。
③戸あるいは窓から人形および水を棄《す》てる。

ある日、藤原道長《ふじわらのみちなが》さまがご覧になった夢は、藤原行成《ゆきなり》さまのお生命《いのち》に関わるたいへんに不吉なものでございました。

その夢の中で内裏《だいり》に参上なさった藤原道長さまは、そこで何やらただならぬ雰囲気を漂わせる人物を見かけたのだそうです。その人物は、たいへんに立派な身形《みなり》をしてはいましたが、道長さまのご存じの公卿《くぎょう》の方々や殿上人《てんじょうびと》の方々のどなたでもありませんでした。

それを不審に思われた道長さまは、その見知らぬ人物に対して「誰であるか」とお尋ねになります。ところが、この謎の御仁《ごじん》は、道長さまが名をお尋ねになっているというのに、全くお答えしようとはしません。そのため、何か危険なものをお感じになった道長さまは、どうにかしてその不審人物の正体を突き止めようと、「誰であるか」との問いを幾度も幾度も繰り返されたといいます。

そして、道長さまから繰り返し名を尋ねられた御仁は、ついに口を開いたのでしたが、そうして発せられた言葉は、「朝成《あさひら》でございます」というものでした。そうです、道長さまをひどく警戒させたその方は、中納言《ちゅうなごん》藤原朝成さまだったのです。

ところが、藤原朝成さまというのは、それより二十年以上も昔、道長さまがまだ元服《げんぷく》もなされていない頃、確かに亡《な》くなられたはずの方でした。しかも、ご生前に藤原伊尹《これまさ》さまとおっしゃる方をたいへんに怨《うら》んでいらした朝成さまは、悪霊《あくりょう》となって伊尹さまのご子孫を絶《た》やすことを誓いながら息を引き取られたらしいのです。

　ですから、道長さまが夢の中でお遭《あ》いになった朝成さまは、恐ろしい悪霊となった朝成さまでした。現に、その朝成さまご自身が道長さまにお話しになったところによりますと、その日、朝成さまが内裏にいらしたのは、やがて参内《さんだい》されるであろう藤原行成さまを憑《と》り殺そうとしてのことだったのです。行成さまというのは、伊尹さまのお孫さまにあたられる方でしたから、その行成さまが朝成さまの悪霊にお生命を狙われるというのは、道長さまには十分に納得のできる話だったことでしょう。

　こうして行成さまの危機をお知りになった道長さまは、お目覚めになるや、大急ぎで行成さまのもとにお手紙を差し上げたのでした。もちろん、そのお手紙というのは、その日の参内を見合わせるように告げるものです。その文面は、「あなたにとってよくない夢を見ました。今日は何か理由をつけて欠勤するようにしてください。子細《しさい》は後ほどお伝えします」と、こんな感じのものであったと伺《うかが》っております。

　ただ、その朝の道長さまは、右のようなお手紙をお書きになっただけではなく、行成さまのため、「悪夢《あくむ》は……」と唱《とな》えるおまじないを行ってもいらしたのではないでしょうか。

悪霊の待ちぼうけ

王朝時代に使われた「人形《ひとがた》」と呼ばれる呪具《じゅぐ》は、人間の形をした金属板もしくは木板もしくは紙片であるが、当時の貴族層の人々の間で最も一般的に用いられた人形は、おそらく、紙製のものであったろう。そして、この人形という呪具は、人間の身代《みが》わりとなる形代《かたしろ》に他ならない。

王朝時代の人々は、その身に降りかかる多様な困難を人形に押し付け、そうすることで不幸を遠ざけようとしたものであった。例えば、老尼が教えてくれた悪夢を見たときの呪術の場合でも、悪夢を見た人は、その悪夢を人形に押し付けたのであり、その人形を棄《す》てることで悪夢を棄て去ろうとしたのである。

なお、藤原道長《ふじわらのみちなが》が悪夢を見て藤原行成《ゆきなり》の危難を察知したという話は、もうお馴染《なじ》みの『大鏡《おおかがみ》』にも見えるのだが、その『大鏡』によれば、結局、道長の例の手紙は、行成に参内《さんだい》を思いとどまらせることに失敗してしまう。その手紙が行成邸に着いたとき、行成は既に内裏《だいり》に参上してしまっていたためである。

しかし、内裏で行成を待ち構えていた藤原朝《あさ》成《ひら》の悪霊《あくりょう》は、この日、行成に危害を加えることができなかった。『大鏡』によると、朝成の悪霊が待ち伏せしていたのは、参内した行成が必ず通るはずの場所だったのだが、その日に限り、そこに行成が姿を見せることがなかったのである。

そして、こうして行成が助かったのは、もしや、『大鏡』の言及する神仏の加護《かご》があったからではなく、道長が「悪夢《あくむ》は…」の呪術を行ったためだったのではないだろうか。

【悪い夢を見たら】その三

南《な》無《む》成《じょう》就《じゅ》福《ふく》徳《とく》円《えん》満《まん》須《す》弥《み》功《く》徳《どく》王《おう》如《にょ》来《らい》

①左手に火の灯《とも》った蝋燭《ろうそく》を持ち、右手に身代《みが》わりの人形《ひとがた》を持つ。
②東向きの戸あるいは窓のところで右の呪文を三回唱《とな》える。
③人形に火を付けて、燃えはじめた人形を戸あるいは窓から棄《す》てる。

確か、一条天皇《いちじょう》さまが三条天皇《さんじょう》さまに世をお譲りになる少し前のことでしたか、どなたかが藤原顕光《ふじわらのあきみつ》さまがお亡《な》くなりになるという夢をご覧になったことがございました。顕光さまとおっしゃるのは、その頃には右大臣《うだいじん》を務めていらしたたいへんに偉い方でしたから、その顕光さまのご逝去《せいきょ》を予告するような夢のことは、貴族さまたちの間ではもちろんのこと、私のような取るに足らない身の者たちの間でも、ずいぶんと話題になったものです。ただ、この話をするときには、誰もが自然と声を潜《ひそ》めておりましたけれど。

実は、私がその夢のことを知るようになりましたのは、賀茂光栄《かものみつよし》さまのお屋敷に奉公しておりました親類が、うっかりと口を滑らしたからでございました。

光栄さまとおっしゃる方は、あの頃、国で一番との評判を取っていらしたとてもご立派な陰陽師《おんみょうじ》さまです。特に占《うらな》いを得意とされていた光栄さまにつきましては、一条天皇さまのご崩御《ほうぎょ》の日を事前に言い当てていらしたとかいうお噂《うわさ》さえあったほどです。

それで、ある日のこと、その光栄さまのお屋敷にどなたかお客さまがお見えになったのですが、私の親類の者は、そのお客さまが光栄さまにひそひそと打ち明けていらした話を、たまたま耳にしてしまったのでした。そして、その打ち明け話というのが、右大臣顕光さまが遠からずお亡くなりになるという夢についてのものだったのです。何でも、それは、そのお客さまにお仕《つか》えする女房《にょうぼう》の方のお一人が、その年のうちに顕光さまが必ずお亡くなりになるという夢をご覧になったとの話でございましたとか。

　こんな重大な話を聞くともなしに聞いてしまった親類は、もちろん、そのことをお知りになった光栄さまから固く口止めをされていたのですが、本当に秘密を守れたかどうかは怪しいものです。現に、私の前で口を滑らせているわけですし、たぶん、声を潜めながらもあちこちで喋《しゃべ》ってしまったのでしょう。そうでもなければ、顕光さまに関するよからぬ夢のことは、私どものような者の間でまで広く知られはしなかったはずなのです。

　ただ、本当に幸いなことに、その悪夢が現実になることはございませんでした。夢のことが噂された頃、既に七十歳ほどのご高齢でいらした右大臣顕光さまですが、その後、左大臣《さだいじん》にまでご出世なさったうえで、八十歳ほどになってからお亡くなりになったのです。

　あの頃のみなさまは、悪い夢をご覧になったとき、夢を現実にしないためのおまじないをなさるものでしたから、きっと、顕光さまがお亡くなりになる夢をご覧になった方も、顕光さまのため、何かのおまじないをなさったことでしょう。また、その夢のことを知らされた顕光さまご自身も、殿方《とのがた》らしく、「南無《なむ》成就《じょうじゅ》福徳《ふくとく》円満《えんまん》須弥《すみ》功徳《くどく》王《おう》如来《にょらい》」と唱《とな》えるおまじないでもなさっていたのではないでしょうか。

ありがたい名前の仏さま

老尼の教えてくれた「南無《なむ》成就《じょうじゅ》福徳《ふくとく》円満《えんまん》須弥《すみ》功徳王如来《くどくおうにょらい》」という呪文は、要するに、「成就福徳円満須弥功徳王如来」という名号《みょうごう》を持つ仏に助けを求めるためのものであろう。

だが、この長い名前の仏は、正規の経典《きょうてん》に根拠を持つ正規の仏ではない。その名号に「成就」「福徳」「円満」「功徳」などといった縁起のいい言葉があまりにも都合よくちりばめられているところからすれば、成就福徳円満須弥功徳王如来というのは、この国において呪術のためだけに考案された日本生まれの仏なのではないだろうか。

それでも、王朝時代の人々にしてみれば、この仏が経典に登場するか否《いな》かということなど、あまり重要ではなかったのだろう。「成就福徳円満須弥功徳王如来」という、胡散臭《うさんくさ》いまでにありがたい名号を聞いた人々は、それだけでこの仏を信頼したに違いない。

ところで、老尼の話にあった右大臣《うだいじん》藤原顕光《ふじわらのあきみつ》の死を予告する夢のことは、その頃には大納言《だいなごん》の地位にあった藤原実資《さねすけ》の耳にも入っていたらしい。そして、『小右記《しょうゆうき》』によれば、この夢に関する情報を実資のもとにもたらしたのは、陰《おん》陽師《みょうじ》の賀茂光栄《かものみつよし》であった。

もっとも、光栄が右の夢に関する話を誰から聞いたのかという点については、『小右記』は何も伝えていない。したがって、老尼の話が全面的に正しいのか否かは、定かではない。

だが、当時の貴族社会において、悪夢などの不思議な現象に関する情報は、賀茂光栄をはじめとする陰陽師たちのもとに自然と集まっていくものだったのかもしれない。

【悪い夢を見たら】

その四

荒《あら》血《ち》男《お》の　狩《か》る矢《や》の前《さき》に　立《た》つ鹿《しか》も

違《ちが》へ《え》をすれば　違《ちが》ふ《う》とぞ聞く

呪文を唱《とな》える。

もしも、自分のお腹《なか》の中に蛇《へび》がいるという夢を見ましたら、ましてや、その蛇がお腹の中を歩き回っては内臓を喰《く》い荒《あ》らすなどという夢を見ましたら、今のみなさんでも、大抵《たいてい》は、「ずいぶんと悪い夢を見たものだ」と、どことなく不安になることでしょう。

もちろん、あの頃の貴族さまたちは、こんな夢を見ました折、何か悪いことが起きないようにと、すぐにもおまじないをなさるのが普通でした。「荒血男《あらちお》の……」と唱《とな》えるおまじないなども、そんなときに使われたおまじないの一つでございます。

けれども、藤原道長《ふじわらのみちなが》さまの腹違《はらちが》いの兄上の藤原道綱《みちつな》さまのお母上は、蛇にお腹の中を喰い荒らされる夢をご覧になっても、ほとんど動揺されることがありませんでした。それどころか、ご周囲の方々には、「こうした夢が吉夢なのか悪夢なのかはわかりませんけれど、この夢のことをお話ししますのは、私の人生の末路《まつろ》を見届けてくださる方々には、夢やら仏やらが信ずるに足るほどのものであるのかどうかを、よくお考えいただきたいからなのです」などと、何やら自暴自棄《じぼうじき》にも聞こえるようなことをおっしゃっていたのだそうです。

その道綱さまのお母さまは、一条《いちじょう》天皇さまの最初の摂政《せっしょう》と関白《かんぱく》とをお務めになった藤原兼家《かねいえ》さまの二番目か三番目かの奥さまでした。もちろん、そのご子息の道綱さまは、兼家さまのご子息でございます。

この道綱さまは、あまり評判のよろしい方ではございませんでしたが、それでも大納言《だいなごん》にまでご出世なさったのは、やはり、そのお父上が兼家さまだったためでございましょう。

ただ、道綱さまのお母上のお父さまでいらっしゃる藤原倫寧《ともやす》さまは、貴族さまのお一人とはいいましても、それほど高いご身分の方ではありませんでしたから、摂関家《せっかんけ》の御曹司《おんぞうし》でいらした兼家さまと道綱さまのお母さまとのご婚儀《こんぎ》は、本当は、あまり釣り合いの取れたものではありませんでした。けれども、このご縁談は、兼家さまが強く望まれたものだったのです。また、道綱さまのお母上の方でも、ご自分が兼家さまのような高貴な方とご結婚なさることを、当たり前のこととお思いであったかもしれません。何せ、道綱さまのお母さまは、あの頃、この国で一番の美人と持《も》て囃《はや》されておいでの方でしたから。

それでも、このご結婚は、お二人を幸せにはしなかったのだそうです。詳しい事情は存じ上げませんが、確か、兼家さまと道綱さまのお母上との間にお生まれになったお子さまは、道綱さまお一人だけだったはずでございます。たぶん、お二人の夫婦仲は、あまり睦《むつ》まじいものにはならなかったのでしょう。

そして、こうして結婚生活に失敗なさった道綱さまのお母さまは、将来への希望を見失われ、それゆえ、不吉な夢にも動じなくなってしまわれたのかもしれません。

腹の中の蛇を退治する方法

老尼の話に登場する「藤原道綱《ふじわらのみちつな》さまのお母上」とは、言うまでもなく、今日において一般的には「右大将藤原道綱母《うだいしょうふじわらのみちつなのはは》」と呼ばれている女性のことである。また、その正確な名前が現代にまで伝わっていないがゆえに道綱母として扱われることになった彼女は、これも言うまでもないことながら、かの『蜻蛉日記《かげろうにっき》』の作者に他ならない。

その『蜻蛉日記』には、道綱母の見た幾つかの不思議な夢に関する記述が残されているのだが、老尼が語ってくれた腹の中の蛇に内臓を喰《く》い荒《あ》らされる夢もまた、『蜻蛉日記』に記録された夢の一つである。しかも、この夢についての『蜻蛉日記』の証言は、当たり前と言えば当たり前のことではあるけれども、老尼の話よりも幾らか詳しい。

『蜻蛉日記』によれば、道綱母の見た腹の中の蛇に関する夢は、単に蛇に内臓を喰い荒らされるというだけのものではなく、その危難を脱する方法をも告げるものであった。すなわち、道綱母が夢の中で知ったところによると、腹の中の蛇を退治したければ、道綱母自身の顔に水を注げばよかったのである。

ただ、その折の道綱母は、老尼の話からすれば、夢に見た腹の中の蛇を退治することになど、全く興味がなかったことだろう。

ちなみに、和歌のようにも見える「荒血男《あらちお》の……」という呪文の意味するところは、「血気《けっき》に逸《はや》る男が狩りをするために弓に番《つが》えた矢の前に追い詰められた鹿でも、夢違《ゆめたがえ》をするならば、男の放つ矢が外《はず》れて助かるかもしれない」といったところであろうか。

【人魂《ひとだま》を見たら】

魂《たま》は見《み》つ　主《ぬし》は誰《たれ》とも　知《し》らねども

結《むす》び止《とど》めつ　下前《したがえ》の褄《つま》

①右の呪文を三回唱《とな》える。

②◆男性の場合　身に付けている着物の左側の裾《すそ》を結ぶ。

◆女性の場合　身に付けている着物の右側の裾を結ぶ。

③三日後に結び目を解《ほど》く。

あの頃の人々は、人魂《ひとだま》を見ることがありますと、「魂《たま》は見《み》つ…」と唱《とな》えて着物の裾《すそ》を結ぶというおまじないをしたものでしたけれど、このおまじないは、「魂結《たまむす》び」と呼ばれておりました。

ある殿方《とのがた》についてのお話でございます。少し差《さ》し障《さわ》りがございまして、そのお名前をお明《あ》かしすることはできませんが、その殿方には、世間のみなさまには内緒にしておかなければならない秘密の恋人がいらっしゃいました。あの頃のみなさまは、身分のことや家柄のことなどをたいへん重く見ておいでしたから、そのような人目を忍ぶ恋愛も、そう珍しいものではなかったのです。

それで、その殿方でございますが、ある晩のこと、殿方のもとに秘密の恋人から短いお手紙が届いたのだそうです。そのお手紙には、「今夜、夢の中であなたにお会いすることができました」といったことが書かれていたのだといいます。殿方の恋人は、愛しい殿方が訪ねてくださるのをお待ちするうち、ついうとうととまどろんでしまい、そのまどろみの中で殿方と睦《むつ》み合う夢をご覧になったのでしょう。

そして、そのお手紙をお読みになった殿方は、お返事を普通のお言葉ではお書きにならず、こんな歌をお詠《よ》みになりました。

「思《おも》ひ《い》あまり／出《い》でにし魂《たま》の／あるならむ／夜深《よぶか》く見《み》えば／魂結《たまむす》びせよ」。

殿方がこの歌に託されたお気持ちは、「あなたのことをあまりにも強く想う私の魂は、いつの間にか身体《からだ》を抜け出してあなたのもとに行ってしまっていたようです。もし夜が更《ふ》けてから私の人魂をご覧になることがありましたなら、魂結びのおまじないをしておいてください」といった感じでございましょう。

ご自分が恋人の夢に現れたということをお聞きになった殿方は、ご自身でも気づかないうちに魂だけが恋人のもとに飛んで行ってしまったとご判断なさったのです。そして、殿方のお考えでは、恋人のご婦人は、その晩、殿方の人魂をご覧になるはずでした。

また、恋人がご自分の人魂をご覧になるだろうとお思いになった殿方は、その恋人に「魂結び」をなさるようにお願いしたわけですけれど、この折に殿方が恋人のご婦人にご依頼なさった「魂結び」というのは、あの頃にはよく行われていました簡単なおまじないの一つでした。そうです、「魂は見つ…」と唱えて着物の裾を結ぶというおまじないこそが、殿方が歌に詠まれた「魂結び」だったのです。

ただ、魂結びをお願いする歌をお詠みになったということからしますと、その夜の殿方は、もう恋人のもとに足をお運びになるおつもりはなかったということになりましょうか。

魂結びを求める生霊

ある男性が恋人からの手紙への返事の代わりに「思ひあまり…」という歌を詠《よ》んだという話は、かの『伊勢物語《いせものがたり》』にも見えている。とすると、老尼がその名を明かそうとしなかった「ある殿方」というのは、あの在原業平《ありわらのなりひら》なのだろうか。

ときに、誰かに魂結《たまむす》びを行うように求める歌を詠んだのは、老尼の話に出てきた「ある殿方」や『伊勢物語』の主人公ばかりではない。実は、『源氏物語《げんじものがたり》』に登場する六条御息所《ろくじょうのみやすどころ》も、こんな一首を詠んでいるのである。

「嘆《なげ》き侘《わ》び／空《そら》に乱《みだ》るる／わが魂《たま》を／結《むす》び止《とど》めよ／下前《したがえ》の褄《つま》」。

この歌の現代語訳は、「悲嘆《ひたん》に堪《た》えられずに身体《からだ》から抜け出してしまった私の魂を結び止めてください。着物の裾《すそ》を結ぶ魂結びによって」といったところである。そして、これを詠んだのは、厳密には、六条御息所ではなく、六条御息所の生霊《いきりょう》であった。つまり、右の一首は、一人の女性の生霊が身体に戻ることを欲して詠んだものなのである。

とすれば、魂結びの呪術は、王朝時代の人々の理解において、虚空《こくう》をさまよう人魂をその本来の居場所である誰かの身体へと帰らせるためのものだったのかもしれない。そして、このことからすれば、当時の人々にとって、人魂というのは、死者の霊ではなく、まだ生きている人間の霊だったことになろう。

ちなみに、「人魂を見たので、それが誰の魂であるかはわからなかったけれど、着物の裾を結んでおいたよ」というのが、「魂は見つ…」という和歌のような呪文の大意である。

【灯火《おおとなぶら》の炎に自分の姿が映ったら】

その灯火の灯心《とうしん》の燃えかすを飲む。

あの頃の室内の照明といいますのは、そうですね、今のみなさんがご存じのアルコールランプのような感じのものでございました。燃料はアルコールではなく灯油《とうゆ》でしたけれど、また、容器はガラス製のランプではなく陶製のお皿でしたけれど、糸を縒《よ》って作った灯心《とうしん》に燃料を染《し》み込ませて火を点《つ》けるという点では、「灯火《おおとなぶら》」と呼ばれました昔の照明も、今のアルコールランプも、だいたい同じようなものでございましょう。

ですが、昔の灯火は、ただの室内照明ではありませんでした。それは、しばしば人々の死を予兆《よちょう》したのです。私の存じ上げる小中将《こちゅうじょう》さまは、後冷泉《ごれいぜい》天皇さまのお妃《きさき》さまになられた藤原寛子《ふじわらのひろこ》さまにお仕《つか》えした女房《にょうぼう》の方々のお一人でしたが、その小中将さまの若過ぎるご逝去《せいきょ》は、まさに灯火によって予告されたものでした。

ある日の夕刻、寛子さまのお屋敷でのことでございます、もうすっかり日が沈んでしまいましたために、いつものように幾つかの灯火に火が点《つ》けられたのですが、すると、それらの灯火の一つの炎が、全く何の前触《まえぶ》れもなしに、小中将さまにそっくりな女性の姿を映し出したのです。灯火の炎の中にゆらめく女性の姿は、お顔やお髪《ぐし》のご様子からお召《め》し物《もの》に至るまで、本当に小中将さまのお姿そのままであったといいます。その日の小中将さまは、薄紫色の唐衣《からぎぬ》と紅色の単衣《ひとえ》とをご着用でしたけれど、灯火の炎が映し出す女性も、それと寸分違うことなく、薄紫色の唐衣に紅色の単衣を合わせていたのです。

けれど、当の小中将さまは、その不思議な現象をご覧になることはありませんでした。そのとき、ご自身のお姿を映し出す奇妙な灯火のあるお部屋にはいらっしゃらなかったのです。きっと、寛子さまのお側《そば》近くに控《ひか》えていらっしゃったのでしょう。

それでも、たまたまその灯火のあるお部屋にいらした女房のみなさまは、炎の中に小中将さまのお姿が見えるという不思議に、ずいぶんと興味をお示しになったようでした。灯火を取り囲まれたみなさまは、「驚くほどそっくりね」などと口々におっしゃりながら、しばらく炎の中の小中将さまのお姿に見入っておいでだったといいます。

ただ、そこにいらしたみなさまは、誰一人として、眼になさった現象の意味をご存じありませんでした。そのため、不思議な現象をひとしきり楽しまれた女房の方々は、ひとまず小中将さまのお姿を映す灯火の炎を消してしまわれ、さらには、その灯火の灯心の燃えかすを棄《す》ててしまわれたのです。

そして、小中将さまが消え入るようにしてお亡《な》くなりになったのは、それから一ヵ月ほど後のことでございました。けれど、もしご同僚の女房の方々が小中将さまに灯心の燃えかすを飲ませていらっしゃれば、そんなことにはならなかったでしょうに。

「油火を立つ」という怪現象

室内照明の炎の中に自分の姿が見えるとは、いかにも奇妙な現象であるが、王朝時代の人々の信じていたところによれば、そうして炎に姿を映し出された者は、灯心《とうしん》の燃えかすを飲むという呪術を行わない限り、それから遠くないうちに死んでしまうものであったらしい。老尼が小中将《こちゅうじょう》をめぐって話してくれたのは、そういうことであろう。

小中将の死にまつわる話は、『今昔物語集《こんじゃくものがたりしゅう》』によっても現代に伝えられているが、その『今昔物語集』もまた、灯心の燃えかすを飲むという呪術に言及している。すなわち、『今昔物語集』によれば、灯火《おおとなぶら》の炎に姿を映し出された小中将は、それから間もなくの死を免れようとするならば、灯心の燃えかすを飲むしかなかったのである。

だが、老尼によれば、小中将の同僚の女房たちは、灯心の燃えかすの呪術を全く知らなかったらしい。いや、それどころか、結果として小中将を見殺しにしてしまう彼女たちは、灯火の炎の中に誰かの姿が見えるという現象の意味さえ全く理解していなかった。

とすれば、灯火の炎に姿を映し出された人が遠からず死んでしまうという不思議な話は、王朝時代においても、必ずしも広く知られていたわけではなかったのではないだろうか。

なお、藤原実資《ふじわらのさねすけ》の『小右記《しょうゆうき》』によると、万寿《まんじゅ》二年（一〇二五）の十月、藤原能信《よしのぶ》の屋敷で起きた「油火《あぶらび》を立《た》つ」という現象は、当時、怪現象として扱われていたようだが、ここに知られる現象などは、案外、灯火の炎の中に誰かの姿が見えるといったものだったのかもしれない。

【怪しい虫の鳴き声を聞いたら】その一

志々虫《しじむし》は　ここにはな鳴《な》きそ　唐母《からはは》が
死《し》にし塚戸《つかと》に　行《ゆ》きて鳴《な》きをれ

呪文を唱《とな》える。

「志々虫《ししむし》は…」と唱《とな》えますおまじないは、「志々虫」と呼ばれる虫の鳴き声を聞いたときのものです。何でも、その虫が鳴きますと、たいへんに恐ろしいことが起きるとかいうことなのでございます。

ただ、私などは、ずいぶんと小さい頃から「志々虫が鳴いたらおまじないをするように」と言われて育ちましたものの、よくよく考えますと、あの時分に「志々虫」と呼ばれておりましたのがどのような虫であったのかということになりますと、どうにも、定かなことはお話しできそうにないのです。幸いにも、私の場合、この年になりますまで、その鳴き声を一度も聞くことがなかったものですから、今の今まで、私の周囲の者たちがどんな虫を「志々虫」と呼んでおりましたのか、気にしたこともございませんでした。

けれども、あの頃の人々が「志々虫」という名前の虫を嫌《いや》がった理由につきましては、何となく想像がつかなくもありません。

漢字を使いまして「志々虫」と書きますと、この虫も、そうそう不吉な虫であるようには感じられないものです。ですが、もし漢字を変えまして「死々虫」などと書くとなりますと、この虫の名前は、たいへんに不吉なものになってしまいます。そして、あの頃の人々が「志々虫」という名の虫を嫌《きら》いましたのは、その鳴き声を聞きますと、どうしても「死々虫」という名前を思い浮かべてしまったためだったのではないでしょうか。

これは、今の言葉で言いますと、ちょっとした「語呂合《ごろあ》わせ」でしかありませんけれども、昔の人々といいますのは、こうした不吉な語呂合わせをひどく嫌《きら》ったものなのです。特に、「死」という言葉に通じる語呂合わせなどは、誰もが嫌《いや》がったものでした。

今のみなさんも、病院ですとかホテルですとかのお部屋に「四」という番号が付くことを嫌《きら》うそうですが、これは、「四」という漢字が「死」という漢字と通じるからでございましょう。また、「九」という漢字が「苦」という漢字に通じますことから、「九号室」というお部屋がない病院やホテルもあるのだそうですね。昔の人々が大事にしていましたのも、だいたい、そのような感じ方なのでございます。

そうしますと、あの頃の人々が「志々虫」という書き方をしましたのは、あの頃なりの工夫だったのかもしれません。どうしても「死々虫」という書き方を思い浮かべてしまう虫の名前を記すにあたりまして、なるべく印象のよさそうな漢字を選ぶとなりますと、やはり、「志」あたりが適当だったのではないでしょうか。「賜」という漢字を選びまして「賜々虫《ししむし》」などと書きましたら、ずいぶんとおめでたくなるようにも存じますけれども、その分、たいへんな不敬を致したことになりましょうから。

死を呼ぶ虫

「志々虫《ししむし》は…」という呪文の現代語訳は、非常に困難である。とりあえず、「志々虫はここでは鳴いてくれるな。唐母《からはは》が葬《ほうむ》られた塚戸《つかと》に行って鳴いていろ」とでも訳しておきたいが、しかし、これで呪文の意味するところが明確になるわけではない。

この困難の最大の要因は、「唐母」という言葉にあるように思われるが、この言葉については、その意味についても、ここに登場する理由についても、全く見当が付かない。あるいは、これは、本来、「唐母」とは異なる漢字表記をされるべき言葉なのだろうか。

だが、その全体を大雑把に見るならば、この呪文は、「志々虫」と呼ばれる虫に対して、「唐母」の墓所（塚戸）で鳴くことを命じるものに他なるまい。それは、人々の生活の場で鳴きはじめた不吉な虫を、死者の傍《かたわ》らへと追いやろうとするものなのである。

とすれば、王朝時代の人々が想定していた、「志々虫」と呼ばれる虫によってもたらされる不幸というのは、やはり、誰かの死だったのかもしれない。老尼の言うように、その虫の名前が人々に「死々虫」という表記を想像させずにいなかったのだとすると、「志々虫」＝「死々虫」が死を運ぶ不吉な虫として理解されていたとしても、それは、あまりにも自然なことであろう。

ちなみに、老尼が言及した「賜」という漢字は、本来、天子《てんし》が臣下《しんか》に何かを授《さず》けることを意味するものであった。今日の日本においても、「恩賜《おんし》の○○」という言葉は、普通、天皇からの授《さず》かり物を意味するのである。

【怪しい虫の鳴き声を聞いたら】その二

志《し》々《し》虫《むし》よ　いたくな鳴《な》きそ　唐《から》人《ひと》の
死《し》にし塚《つか》瀬《せ》に　行《ゆ》きて鳴《な》きを《お》れ

呪文を唱《とな》える。

今のみなさんも、蓑虫《みのむし》はご存じでしょうね。細かい枝くずや落ち葉でできた蓑《みの》のような衣《ころも》に包《くる》まって枯れ木にぶらさがる、あの小さな虫のことでございます。

実は、その蓑虫ですけれど、「志々虫《ししむし》」と呼ばれておりましたよくわからない虫と同じように、あの頃の人々からは、たいへんに嫌われていたものでした。よくよく考えてみますと、蓑虫といいますのは、ずいぶんと小さな虫ですし、また、特に何か悪さをする虫でもないのですが、どうしたわけだったのでしょうか、昔の人々は、蓑虫のことを恐ろしい鬼の子供だと思っていたのです。

鬼というのは、たいへんに荒《すさ》んだ心の持ち主ですから、子供を産みましても、けっしてそれを大事に育てようとはしません。「この子も、親の自分に似て恐ろしい心を持っているに違いない」などと考えまして、そこいらに放り出してしまうのです。そして、生まれたばかりの子供を棄《す》てようとする鬼は、粗末な衣だけを着せた赤子を、たまたま眼に着いた木の枝にぶらさげます。そのとき、わが子には「じきに秋風が吹きはじめるだろう。その頃になったら迎えに来るから、それまで待っていろよ」などと言って聞かせるのですが、そこに戻って来ることはないのです。

けれども、そうして棄てられた鬼の赤子たちは、自分たちが親に棄てられたことを知りませんから、秋の風を感じる頃になりますと、「ちちよ、ちちよ」と心細そうに鳴きはじめます。「ちちよ、ちちよ」という鳴き声は、けっして帰っては来ない父親を恋しがる声なのでしょう。

こんなふうにお話ししておりますと、だんだんと鬼の子供たちがかわいそうになってしまいますが、昔の人々の考えでは、そのかわいそうな鬼の子供というのが、蓑虫の正体でした。枝くずや落ち葉の粗末な衣を身に纏《まと》って木にぶらさがる蓑虫の姿は、あの頃のみなさんの眼に、親に棄てられた鬼の子供の姿として映っていたのです。

ですから、昔々の蓑虫は、「ちちよ、ちちよ」と鳴いていたはずなのですけれども、その蓑虫が「志々虫」と呼ばれていたということはないものでしょうか。もしも、蓑虫の「ちちよ、ちちよ」という鳴き声を「ししよ、ししよ」と聞いた人々があったのでしたら、その人々が蓑虫に「志々虫」という名前を付けたとしましても、それほど不思議ではありませんでしょう。「ししよ、ししよ」と鳴く虫を「志々虫」と名付けたというのは、いかにもありそうな話ではございませんか。

いずれにしましても、「志々虫」と呼ばれる虫の鳴き声を耳にしましたとき、昔の人々は、「志々虫よ…」と唱《とな》えるおまじないをすることもあったのでございます。

蓑虫の正体

王朝時代の人々が蓑虫《みのむし》を鬼の子供と見做《みな》していたというのは、まさに老尼の話してくれた通りであるらしい。そのことは、例えば『枕草子《まくらのそうし》』によっても確かめられるのである。

清少納言《せいしょうなごん》が『枕草子』において取り上げた虫は、鈴虫《すずむし》・茅蜩《ひぐらし》・蝶《ちょう》・松虫《まつむし》・蟋蟀《きりぎりす》・促織《はたおり》・われから・ひを虫《ひおむし》・蛍《ほたる》・蓑虫・蝿《はえ》・夏虫《なつむし》・蟻《あり》と、実に多様であるが、それにもかかわらず、同書の作者から「いとあはれなり」「いみじうあはれなり」といった同情の言葉を寄せられたのは、蓑虫だけであった。そして、清少納言が蓑虫を憐《あわ》れんだのは、それが親に棄《す》てられた鬼の子供であったからに他ならない。

また、『枕草子』の記述からは、当時、蓑虫が「ちちよ、ちちよ」と鳴くと認識されていたことも確認されるのだが、残念ながら、そのように鳴く蓑虫に「志々虫《ししむし》」という別名があったことの証拠は、『枕草子』の中には見出されないようである。今のところ、蓑虫こそが「志々虫」と呼ばれる虫であったかもしれないという老尼の推測は、あくまで一つの仮説としてのみ扱われるべきであろう。

なお、「志々虫よ…」という呪文も、既に紹介した「志々虫は…」という呪文と同様、不吉な虫を追い払う意図を含んでいるらしい。そのことについては、「志々虫よ、あまり激しくは鳴いてくれるな。唐人《からひと》が葬《ほうむ》られた塚《つか》のある瀬《せ》に行って鳴いていろ」という現代語訳を見るならば、全く疑うべくもないだろう。

ただ、ここでもまた、「唐人」という言葉のゆえに、呪文の意図の正確な理解は、困難を極めることになりそうである。

【夜中に外出するなら】

八《や》衢《ちまた》や　守《まも》りや衢《ちまた》　わが子《こ》行《ゆ》く

ゆめ八《や》衢《ちまた》や　わが子《こ》死《し》なすな

呪文を唱《とな》える。

今のみなさんは、賀茂忠行《かものただゆき》さまのことはあまりご存じないかもしれませんけれど、あの安倍晴明《あべのせいめい》さまは、ご幼少の頃から、この忠行さまのお弟子さんでした。そして、晴明さまのお師匠さまでいらした忠行さまは、それはそれはすばらしい陰陽師《おんみょうじ》さまでございました。

ですから、まだ幼くていらした晴明さまが忠行さまのもとで修行に励んでいらっしゃったある日のこと、何かのご用事のため、忠行さまが夜分にお出かけになることになりますと、そのお弟子さんの晴明さまは、お師匠さまをお守りするということで、忠行さまのお供《とも》をしなければなりませんでした。

その行き先は、都の中のどこかだったそうですが、わざわざ夜中にお出かけになったのですから、その晩の忠行さまには、何かよほど大事なご用事がおありだったのでしょう。

それでも、やはり、夜分の外出などするものではございません。その夜、忠行さまのご一行が京中の大路《おおじ》を進んでいますと、向こうの方から、見るも恐ろしげな鬼たちが群れを成してやって来たというのです。

これに気づいた晴明さまは、ひどく驚かれました。そして、危険な鬼たちのことをお知らせしようと、すぐに牛車《ぎっしゃ》にお乗りになっていた忠行さまをお呼びしたといいます。まだ幼くていらっしゃった晴明さまには、ご自分のお力で鬼たちに立ち向かうなど、とてもとても無理な相談でございました。

このとき、肝心の忠行さまはといいますと、牛車の中ですやすやと気持ちよさそうにお寝《やす》みになっていました。それは、きっと、のんびりと進む牛車が揺《ゆ》り籠《かご》のように心地よく揺れていたためでございましょう。

けれど、晴明さまのご懸命の呼びかけで目を醒《さ》まされた忠行さまは、鬼たちのことをお知りになるや、即座に何かの術をお使いになったのだそうです。そして、その術は、ご一行の姿を鬼たちの眼からすっかり隠してしまったのだといいます。もちろん、その結果、忠行さまも、晴明さまも、無事に百鬼夜行《ひゃっきやぎょう》の傍《かたわ》らを通り抜けることができたのでした。

その折、忠行さまがどのような術をお使いになりましたのかは、私などにはわかろうはずもございません。ですが、それが誰にでも使いこなせるような簡単なものではなかったことだけは、確かでございましょう。

ただ、あの頃には、特別な術を知っているわけではない普通の人々でも、「八衢《やちまた》や……」と唱《とな》えるおまじないのことは承知しているものでした。そして、どうしても夜中に出かけなければならないようなことになりましたときには、鬼や盗賊《とうぞく》などに遭《あ》わずに済《す》むようにと、あらかじめ「八衢や……」と唱えておくようにしていたのです。

霊場としての辻

「八衢《やちまた》や…」という呪文もまた、和歌の姿を持つわけだが、これを現代語に訳すならば、「幾つもの辻《つじ》どもよ、守れよ、辻。私の子供が外出するのだ。けっして、幾つもの辻どもよ、私の子供を死なせるなよ」といったところだろう。「衢《ちまた》」というのは、辻（分岐点）を意味する古語であり、「八衢」という言い方は、たくさんの辻を意味することになる。

この呪文は、実におもしろいことに、夜間に外出する者の身の安全を、行く先々の辻に保障させようとする。道を進んでいけば必ず幾つかの辻を通過するわけだから、その辻々に通過者の警護を委《ゆだ》ねようというのである。

そして、このような呪文が生まれたのは、昔の日本人が辻に対して特別な感情を持っていたからに他ならない。

『本朝世紀《ほんちょうせいき》』という歴史書によると、疫病《えきびょう》の流行が激しかった天慶《てんぎょう》元年（九三八）、平安京のあちこちの辻において、何やら怪しげな神々が祀《まつ》られることがあった。疫病の難を免れようとする人々が、陰部《いんぶ》を丸出しにした男女の神像を作るなどして、「岐神《ふなどのかみ》」とも「御霊《ごりょう》」とも呼ばれる神々を祀っていたのである。

かつての辻は、ただ単に分岐点だったのではなく、人々が神々と交わりを持つちょっとした霊場でもあった。また、「岐神」という名の神が祀られていたという事実からすれば、辻そのものが神格化されることもあったのだろう。そして、王朝時代の人々にとって、辻や辻の神は、人々の味方であったらしい。

なお、幼き日の安倍晴明の話は、『今昔物語《こんじゃくものがたり》集《しゅう》』によっても伝えられている。

【怪しい鳥の鳴き声を聞いたら】

黄泉《よみ》つ鳥《とり》　我《わ》が垣下《かきもと》に　鳴《な》きつれど
人《ひと》しな聞《き》きつ　行《ゆ》く魂《たま》もあらじ

呪文を三回唱《とな》える。

「黄泉《よみ》つ鳥《とり》…」と唱《とな》えますおまじないは、「鵺《ぬえ》」という名前の鳥の鳴き声を耳にしました折、必ず行わなければならないという、たいへんに大事なおまじないでございます。あの恐ろしい鳥の鳴き声を聞いた者は、このおまじないを行いませんと、それから間もなく、この世を去ることになりかねなかったのです。

少しばかり新しい頃のお話になってしまいますけれども、二条《にじょう》天皇さまがご病気で寝込まれました折、内裏《だいり》に源《みなもとの》頼政《よりまさ》さまが喚《よ》ばれたことがございました。

頼政さまとおっしゃるのは、大江山《おおえやま》に住む恐ろしい鬼を退治なさったことでお名前を知られました源頼光《よりみつ》さまのお孫さまのお孫さまにあたられる方でして、その頃には評判の弓の名手でいらっしゃいましたが、その頼政さまが二条天皇さまのお側《そば》に喚ばれましたのは、その折の天皇さまのご病気の原因が一羽の奇怪な鳥にあったためだったといいます。

残念ながら、その鳥がどのような姿をしていたのかは存じませんけれど、何でも、二条天皇さまが病《やまい》の床《とこ》に臥《ふ》されていたのは、毎夜毎夜、その怪鳥が内裏に不気味な鳴き声を響かせていたせいだったそうでございます。それで、弓に優れていらした頼政さまが、天皇さまを悩ます気味の悪い鳥を退治するように命じられたのでした。

こうして大役を仰《おお》せつかった頼政さまですが、その怪鳥が内裏に現れますのは、必ず夜になってからのことでしたから、これを射《い》るのは、そうそうたやすいことではありません。けれども、名手でいらした頼政さまは、ただただ鳴き声や羽撃《はばた》きだけを頼りに、みごとに一矢にて天皇さまを悩ます怪鳥を射落《いお》とされたのだそうでございます。

そして、このときに頼政さまによって退治されました鳥こそが、世に「鵼」と呼ばれる怪鳥でございました。私なども、小さい頃から「鵼の鳴き声を聞いた者には、必ず不幸が訪れる」と聞かされて育ったものでしたが、二条天皇さまが重く病み臥されたのは、その鵼の鳴き声を毎晩のようにお聞きになっていらしたためだったのです。

ですから、その鵼を退治なさった頼政さまのお手柄は、たいへんなものでございました。その後、順調に快復なさった二条天皇さまは、頼政さまに伊豆国《いずのくに》をお与えになったと伺《うかが》っておりますが、それは、きっと、鵼退治のご褒美《ほうび》だったのでしょう。また、この出来事は、それ以前より高かった頼政さまのご武名《ぶめい》を、いやましに高めたものでございました。

それにしましても、鵼の鳴き声のせいでご病気になられたという二条天皇さまは、「黄泉《よみ》つ鳥《とり》…」という唱《とな》え言《ごと》を、全くご存じなかったのでしょうか。この言葉をお唱えになっていらっしゃれば、頼政さまのめでたきご活躍がなくとも、二条天皇さまが重いご病気に苦しまれるようなことは、まず起こらなかったはずでしょうに。

姿のわからない怪鳥

「黄泉《よみ》つ鳥《とり》…」という呪文も、老尼が教えてくれた他の多くの呪文と同じく、和歌のような体裁をとっているが、その現代語訳は、「黄泉《よみ》の国から来た鳥よ、私の家の垣内《かいと》で鳴いたところで、誰も聞きはしないから、お前とともに黄泉の国に行く亡魂《ぼうこん》はないだろうよ」といったところでどうだろうか。

ここで「黄泉つ鳥」＝「黄泉の国から来た鳥」が鵺《ぬえ》を指していることは、言うまでもあるまいが、このことから明らかなように、王朝時代の人々は、鵺を死者の国から飛来する怪鳥として理解していたらしい。そして、彼らの知る鵺は、その鳴き声によって人々に死をもたらす恐ろしい化け物であった。

だが、その鵺は、どのような姿をしていたのだろうか。

実のところ、右の話を聞かせてくれた老尼も、鵺の姿については、何も話してはくれなかったのであり、また、老尼が語ってくれたのと同様の出来事を伝える『平家物語《へいけものがたり》』も、源頼政《みなもとのよりまさ》が射《い》た鵺の姿に関しては、何も証言していないのである。頼政ほどの有名人によって退治された化け物でありながら、その姿についての情報がないというのは、何とも不思議な話ではあろうが。

ちなみに、『平家物語』に登場する頼政は、堀河《ほりかわ》天皇のため、狸《たぬき》の胴体に猿《さる》の頭と虎《とら》の手足と蛇《へび》の尾とを持った化け物をも退治しているが、『平家物語』によれば、この実に化け物らしい化け物は、その鳴き声が鵺の鳴き声に似ていたというだけで、鵺そのものではなかったらしい。

【曜日がなかった時代】

　われわれの生活は、七日間で一回りする曜日というものに強く規制されているわけだが、日本人が曜日などに振り回されるようになったのは、そう昔からのことではない。

　明治政府が西洋から曜日を導入する以前の日本では、干支《えと》が曜日のように扱われていた。つまり、今では年にしか当てはめられなくなった子《ね》・丑《うし》・寅《とら》などの十二支《じゅうにし》が、毎日毎日に当てはめられていたのである。だから、王朝時代の日本人は、ある年の正月元日が子の日であったとすれば、その月の十三日および二十五日も子の日になることを当たり前のように知っているものであった。

　なお、江戸時代までの日本人は、時刻をも干支で表していた。すなわち、今の午後十一時から午前一時までくらいの二時間ほどを「子時《ねどき》」と呼び、これ以降の二時間ほどずつを順に「丑時《うしどき》」「寅時《とらどき》」と呼んだのである。

【時刻図】

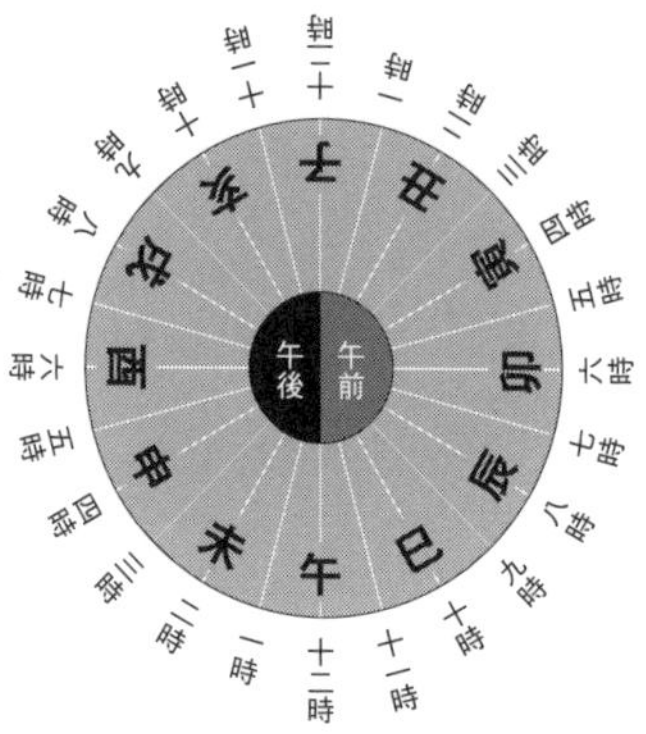

第三章

こんなときは気をつけて

【犬の遠吠《とおぼ》えを聞いたとき】

「アオォォォォォ〜ン」という鳴き声が聞こえたら要注意!

子《ね》の日なら——**鬼に襲われるかも**
丑《うし》の日なら——**身近な病人が心配**
寅《とら》の日なら——**誰かにひどい目に遭《あ》わされるかも**
卯《う》の日なら——**おとなしくしていた方がいいかも**
辰《たつ》の日なら——**おとなしくしていた方がいいかも**
巳《み》の日なら——**ものすごく悪いことがあるかも**
午《うま》の日なら——**何かの病気に罹《かか》るかも**
未《ひつじ》の日なら——**ものすごく悪いことがあるかも**
申《さる》の日なら——**もめごとに巻き込まれるかも**
酉《とり》の日なら——**ものすごく悪いことがあるかも**
戌《いぬ》の日なら——**ものすごく悪いことがあるかも**
亥《い》の日なら——**ものすごく悪いことがあるかも**

きっと、今のみなさんには、野良犬《のらいぬ》に追いかけられた経験などないことでしょう。この国では、近頃、往来で野良犬を見かけることさえ、ずいぶんと珍しくなりましたから。

けれど、あの頃のことを振り返ってみますと、天皇さまや多くの貴族さまたちがお住まいになっていた都の中にさえ、たいへんに多くの野良犬がいたものでした。私どものような者が暮らしておりました狭い路地裏はもちろん、貴族さまたちが牛車《ぎっしゃ》にお乗りになって通られた大路《おおじ》や小路《こうじ》までもが、夜となく、昼となく、たくさんの野良犬たちの溜《たま》り場《ば》になっていたものです。

そして、それだけ多くの野良犬がおりましたのは、あの頃の都には、いつも数多くの死体が転がっていたためでした。そうです、都の往来を闊歩《かっぽ》していた野良犬たちは、道端《みちばた》に転がる人々の死体を食べ物にしていたのです。

今のみなさんは、あの時代の都のことを、とてもとても美しいところのように思っているのかもしれませんけれど、残念ながら、私どもの知る都は、そこかしこに死体の転がります、たいへんに恐ろしいところでした。

生活保護制度も福祉施設も整っていなかった時代ですから、都においてさえ、たくさんの貧しい人々が飢《う》えによって生命《いのち》を落としたものでしたが、そんなかたちで死ななくてはならなかった人々に住む家があったはずもなく、自然、多くの人々が道端で餓死《がし》したのです。また、家族に見捨てられた病人や親に棄《す》てられた子供なども、やはり、道端で最期《さいご》を迎えるしかありませんでした。

それから、あの時代の都では、ずいぶんと多くの強盗事件が起きておりまして、夜間に外出した人が路上で強盗に生命を奪われることも、そう珍しいことではございませんでした。もっとも、大胆にも貴族さまを襲った強盗の一味が返り討ちに遭《あ》って路上の死体になってしまうなどということも、ときには起きていたそうですけれど。

いずれにしましても、そうして道端に転がることになりました死体には、きちんと五体がそろっているものなど、ほとんどございませんでした。路上の死体の多くは、死体になってほどなく、どこからか集まってくる野良犬たちによって、無残に喰《く》い散《ち》らかされてしまうものだったからです。

そして、そんな野良犬たちが夜半に上げる遠吠《とおぼ》えは、それはそれは恐ろしいものでした。今のみなさんは、夜中の犬の遠吠えに風情を感じることもあるそうですが、野良犬たちが人間の死体に群がる光景を見て育ちました私には、夜中に聞こえる犬の声など、ただただ不気味なばかりでございます。

野良犬たちの平安京

王朝時代の都に人間の死体が溢《あふ》れていたという老尼《ろうに》の話は、全く疑う余地もなく、当時の事実に即したものである。また、そうした死体が野良犬《のらいぬ》の餌食《えじき》となっていたというのも、老尼の話してくれた通り、王朝時代の平安京をめぐる史実の一端であった。

『本朝世紀《ほんちょうせいき》』という歴史書は、疫病《えきびょう》が流行したために特に多くの死者が出た正暦《しょうりゃく》五年（九九四）の京中の様子を、凡《おおよ》そ次のように伝えている。

「たくさんの死体が道端に転がっているため、往来する人々は悪臭に堪《た》えかねて鼻を覆《おお》い、屍《し》肉《にく》を漁《あさ》る烏《からす》や犬は既に食べ飽きてしまっている。このままでは散乱する骸骨が交通を遮断してしまうだろう」。

ここに明らかなように、その頃の平安京は、そこかしこに人間の死体が転がる屍骸《しがい》の都であった。「散乱する骸骨が交通を遮断してしまう」と評されたほどだから、当時、都に住んでいた人々や都を訪れた人々が眼にした路上の死体の数は、相当なものであったろう。

そして、それらの死体は、人々にとっては悪臭を放つ障害物でしかなかったが、烏や犬にとっては極上の糧《かて》であったらしい。そう、王朝時代の平安京においては、野良犬たちが烏たちとともに人間の屍肉を貪《むさぼ》る姿が、確かに目撃されていたのである。

とすれば、王朝時代の人々が犬の遠吠《とおぼ》えによって不安を掻《か》き立てられたというのも、実にもっともなことであろう。夜の闇《やみ》が伝える犬の声は、平安京の住人たちに、顔を血塗《ちまみ》れにして人間の屍肉を貪る恐ろしい野良犬たちの姿を連想させたに違いあるまい。

【犬に置き土産をされたとき】

野良犬《のらいぬ》が家に上がり込んで糞《ふん》をしたら要注意！

子《ね》の日なら——**仕事のことでもめごとに巻き込まれるかも**
丑《うし》の日なら——**身近な病人が心配**
寅《とら》の日なら——**犯罪に巻き込まれるかも**
卯《う》の日なら——**もめごとに巻き込まれるかも／マイカーが心配**
辰《たつ》の日なら——**身近な病人が心配**
巳《み》の日なら——**思わぬ臨時収入があるかも**
午《うま》の日なら——**予定の来客は必ず予定通りに**
未《ひつじ》の日なら——**おとなしくしていた方がいいかも**
申《さる》の日なら——**身近な赤ん坊が心配**
酉《とり》の日なら——**神さまの祟《たたり》があるかも**
戌《いぬ》の日なら——**神さまの祟があるかも**
亥《い》の日なら——**身近な子供が心配**

私がまだまだ若かった頃のことになりますけれど、たいへんにご立派な学者さまに紀長谷雄《きのはせお》さまとおっしゃる方がいらっしゃいました。あの菅原道真《すがわらのみちざね》さまからさえもその才能を認められていらしたという長谷雄さまは、世の中のありとあらゆることをご存じの博士さまでございまして、例えば、陰陽師《おんみょうじ》さまたちのお読みになるような難しい書物に関しましても、どんな陰陽師さまよりも深く詳しく理解なさっていらしたのだそうです。

けれど、たいへんに謙虚でいらした長谷雄さまは、その優れた学識を無意味にひけらかすこともございませんで、例えば、身近なところで何か不審な出来事がありましたときには、その不審な出来事の吉凶につきましての占《うらな》いを、普通のみなさまと同じように、陰陽師さまにお願いしたものでした。そんな折の占いなど、長谷雄さまならご自身で簡単におできになったはずですのに。きっと、陰陽師さまたちに気を遣《つか》っていらしたのでしょうね。

ですから、いつのことでしたか、野良犬《のらいぬ》が長谷雄さまのお屋敷に上がり込んで糞《ふん》をするという出来事が、短い間に幾度も幾度も繰り返されました折にも、これが何かの前触《まえぶ》れであるとお考えになった長谷雄さまは、やはり、陰陽師さまに占いをお願いしたのでした。

このとき、長谷雄さまが占いをお願いしました陰陽師さまは、滋岳川人《しげおかのかわひと》さまでしたか、弓削是雄《ゆげのこれお》さまでしたか、とにかく、安倍晴明《あべのせいめい》さまがお生まれになる以前に活躍なさっていらした陰陽師さまたちのどなたかでございます。そして、その陰陽師さまは、野良犬の置き土産のことを占われて、こうおっしゃったのです。

「この後、何月の何日、あなたのお住まいに鬼が顕《あらわ》れるに違いありません」。

これをお聞きになった長谷雄さまは、「その日ばかりは、物忌《ものいみ》をして慎重に過ごすしかあるまいな」と、神妙な顔をなさったといいますから、長谷雄さまがその陰陽師さまの占いに信を置かれていたことは、間違いありませんでしょう。その後のことは伝え聞いておりませんけれど、陰陽師さまが占いによって指定なさった日、長谷雄さまのお屋敷では厳重な物忌が行われていたのではないでしょうか。

また、このときの長谷雄さまのお振る舞いからもわかりますように、犬が家宅に上がり込んで糞をするというのは、あの頃の人々にとりまして、是非とも注意を払うべき本当に不吉なことだったのです。あの長谷雄さまが陰陽師さまに占いをお願いするほどに気になさったわけですから、他の人々が犬の糞のことを気味悪がらなかったわけがございません。

ただ、私どものような身分の低い者は、そうそう陰陽師さまに占いをお願いすることなどできませんでしたから、自宅で野良犬の汚い置き土産を見つけましたときには、昔からの言い伝えに従って先々の難儀《なんぎ》を予測したものでございました。

不潔な不吉

老尼が話してくれたように、野良犬《のらいぬ》が自宅に上がり込んで糞《ふん》をするというのは、王朝時代の人々にしてみれば、不潔なことである以上に、とにもかくにも不吉なことであった。

長和《ちょうわ》元年（一〇一二）の六月、大胆にも藤原《ふじわらの》道長《みちなが》の邸宅に迷惑な置き土産をした野良犬がいたようなのだが、藤原実資《さねすけ》の『小右記《しょうゆうき》』によれば、その置き土産を見つけた人々は、「怪也《さとしなり》」と言って不気味がっていたらしい。王朝貴族たちの使った「怪《さとし》」という言葉は、不吉な出来事を意味するものである。

そして、老尼によれば、自宅が犬の糞で汚されていることに気づいたとき、王朝時代の人々は、まずはその日の干支《えと》を確認したものであった。その日の干支に応じて犬の糞の暗示する不幸が異なっていたのであれば、それは、実にもっともなことであろう。

また、経済的に余裕のあった人々の場合には、自宅で見つけた犬の糞がどのような意味で不吉であるのかを詳しく知ろうと、自ら干支に注意を払った他、陰陽師の卜占《ぼくせん》を頼ったりもしたらしい。それは、老尼が紀長谷雄《きのはせお》をめぐって話してくれた通りであり、犬の置き土産に困った長谷雄が陰陽師某《なにがし》に卜占を依頼したという話は、『今昔物語集《こんじゃくものがたりしゅう》』によっても伝えられている。

なお、『今昔物語集』の伝えるところでも、長谷雄から卜占を依頼された陰陽師は、鬼の出現を予告したのであったが、そのありがたくない予告は、何とも珍妙なかたちで実現するのであった。が、さすがの老尼も、そのあたりまでは知らなかったらしい。

【狐《きつね》の鳴き声を聞いたとき】

狐が自宅の近くで鳴いたら要注意！

子《ね》の日なら――**北側のご近所の人が心配／もめごとでケガ人が出るかも**
丑《うし》の日なら――**身近な男の子が心配／仕事がうまくいかないかも**
寅《とら》の日なら――**身近な子供が心配／もめごとには不向き**
卯《う》の日なら――**身近な男の子が心配／部下の失敗に巻き込まれるかも**
辰《たつ》の日なら――**ものすごく悪いことがあるかも**
巳《み》の日なら――**北の方角や西の方角で病気をもらうかも**
午《うま》の日なら――**もめごとに巻き込まれるかも／西南西の方角は不吉**
未《ひつじ》の日なら――**どろぼうや強盗の被害に遭《あ》うかも**
申《さる》の日なら――**身近な男性が心配**
酉《とり》の日なら――**マイカーが水難に遭うかも**
戌《いぬ》の日なら――**親類が心配**
亥《い》の日なら――**親類の女性が心配**

あの頃、都に暮らす人々が狐《きつね》の鳴き声を不吉なものとしていましたのは、きっと、山野から都に入り込んだ狐たちが、しばしば性質《たち》の悪い悪戯《いたずら》をしていたためでございましょう。

本当に困りましたことに、昔の狐たちの悪戯といいますのは、かなり度を超したものでございました。私の親類の一人などは、狐に誑《たぶら》かされましたために、危うく自分の妻を刀で斬《き》り殺してしまうところだったのです。

その親類の男は、さる貴族さまの従者でございましたが、その頃、妻と二人、ご主人さまのお屋敷から少し離れたところに建つ小さな家で暮らしておりました。そして、その親類が狐の悪戯に遭《あ》いましたのは、まさにその自宅においてのことだったといいます。

その日の夕方、一日の仕事を終えた親類の男が、ご主人さまのお屋敷をおいとまして自宅に戻りますと、その妻の女は、少しばかり近くの大路《おおじ》まで出かけようとするところでした。たぶん、何か昼間に買い忘れたものでもあったのでしょう。そこで、親類の男は、妻が出かけるのを見送った後、家でくつろぎながら妻の帰りを待っていたのですが、しばらくしますと、たいへんに驚きましたことに、立て続けに二人もの妻が帰ってくるではありませんか。そうです、その夜、妻の帰りを待っていた親類のもとには、全く同じ姿をした二人の女が、少しだけ時間をずらして、それぞれに親類の妻として帰ってきたのです。

その親類といいますのは、わりに胆《きも》の座った男でございましたが、後に本人から聞きましたところでは、自分の妻にしか見えない女が自宅の土間《どま》に二人も並んでいるのを眼にしましたときには、さすがに少し腰を抜かしかけたとのことでございました。それはそうでございましょうね。

それでも、多少は腕にも自信のございました親類は、「これは狐の悪戯に違いない」と気づきますと、すぐさま妻に化《ば》けた狐を退治しようと思い定めました。つまり、眼の前にいる二人の妻たちのうちのより怪しい方を目がけまして、いきなり刀を振り下ろしたのです。本当に、ずいぶんと思い切ったことをしたものでございます。

ところが、その親類の男が問答無用で斬り殺そうとした方の妻は、まさしく彼の本当の妻でございました。夫が自分に向かって刀を振り下ろそうとするのを見た彼女は、夫のあまりの仕打ちに、声を上げて激しく泣き出したのだそうです。その姿を見た親類は、すんでのところで刀を握る手を止めたのでした。

そして、泣きじゃくる妻の傍《かたわ》らに立っていたもう一人の妻は、たちまち狐の姿となり、それはそれはひどい臭《にお》いの尿《にょう》を親類の男にかけますと、「コウコウ」と鳴きながらどこかへと逃げ去ったのだそうです。

「コウコウ」と鳴く狐

説話集の『今昔物語集《こんじゃくものがたりしゅう》』にも、ある貴族の従者が自宅で狐《きつね》に誑《たぶら》かされたという話が見える。『今昔物語集』によれば、その従者もまた、自分の本物の妻と狐が化《ば》けた妻とを見誤り、もう少しで妻を斬《き》り殺してしまうところだったらしい。

もしかすると、ここで『今昔物語集』に登場する従者は、老尼が話してくれた彼女の親類その人なのかもしれない。

ところで、老尼から聞かされた話を忠実に再現するならば、彼女の親類を誑かした狐は、その正体がばれるや、「コウコウ」と鳴きながら逃げ出したらしい。そう、右の話をしてくれた老尼は、狐という動物の鳴き声を、確かに「コウコウ」と表現したのであった。

そして、実は、老尼が語ってくれたのと酷似《こくじ》した出来事を伝える『今昔物語集』も、狐の鳴き声を表現するにあたっては、「コウコウ」という擬音語《ぎおんご》を当たり前のように用いている。つまり、ある従者が狐に化かされたという話においてのみならず、『今昔物語集』所収の狐が鳴く場面を持つ諸話の全てにおいて、「コウコウ」という言葉こそが、狐の鳴き声の擬音語として採用されているのである。

とすれば、王朝時代の人々の耳に聞こえた狐の鳴き声は、われわれ現代日本人にはお馴染《なじ》みの「コンコン」というものではなく、それとは似ているようで少し異なる「コウコウ」というものだったのかもしれない。そして、王朝時代の都の住人たちは、その「コウコウ」と聞こえる狐の声を、何らかの不吉な出来事の予兆《よちょう》として嫌っていたのであった。

狐《きつね》が家に上がり込んで糞《ふん》をしたら要注意！

【狐《きつね》に置き土産をされたとき】

子《ね》の日なら――**親類の女性が心配**
丑《うし》の日なら――**母親が心配**
寅《とら》の日なら――**思わぬ臨時収入があるかも**
卯《う》の日なら――**もめごとに巻き込まれるかも**
辰《たつ》の日なら――**西の方角に住む身近な病人が心配**
巳《み》の日なら――**マイカーが心配**
午《うま》の日なら――**犯罪に巻き込まれるかも**
未《ひつじ》の日なら――**どろぼうや強盗の被害に遭《あ》うかも**
申《さる》の日なら――**身近な女性が心配**
酉《とり》の日なら――**大切な連絡があるかも**
戌《いぬ》の日なら――**身近な犯罪者が心配**
亥《い》の日なら――**両親が心配**

播磨安高《はりまのやすたか》さまとおっしゃる方は、藤原兼家《ふじわらのかねいえ》さまをお守りする御随身《みずいじん》さまのお一人でございました。藤原道長《みちなが》さまのお父上でいらっしゃる兼家さまが一条《いちじょう》天皇さまの関白《かんぱく》さまをお務めになったことは、今のみなさんもご承知でしょうけれど、その関白さまをお守りすることを天皇さまより仰《おお》せつかった方々が、御随身さまたちなのでございます。

そして、御随身さまでいらした安高さまにとりましては、兼家さまが関白さまとして内裏《だいり》へとご出仕《しゅっし》なさる折、ご一緒して参内《さんだい》なさることこそが、最も大切なお役目となっておりましたが、ある日、安高さまが兼家さまをお守りして内裏に向かわれたのは、もう陽《ひ》が沈みかけてからのことでした。ですから、安高さまが他の御随身さまたちとともに兼家さまのご政務が終了するのをお待ちする間、外はすっかり暗くなってしまったといいます。

けれども、夜になりましても兼家さまにはお帰りになるご様子はなく、それが退屈だったのでしょうか、ご自身の従者の姿が見えないことに気づかれた安高さまは、その従者を探そうと、少しばかり内裏をお離れになったのでした。もちろん、お一人での夜歩きが危険であることは、当の安高さまもご承知だったはずですが、お連れになるべき従者をお探しになるための夜歩きでしたから、どうにも仕方のないところだったのでございましょう。

ただ、このお振る舞いは、やはり、軽率だったかもしれません。そうしてお一人で内裏をお離れになった安高さまは、狐《きつね》に誑《たぶら》かされてひどい目に遭《あ》われたのでございます。
その夜、はぐれた従者の姿を求めて一人歩きをなさっていた安高さまは、その途中、一人の娘を見かけたといいます。しかも、その娘がたいへんに美しかったとかで、ついつい幾らかの下心を起こされて、親しげに声をおかけになったのだそうです。

ところが、その美しい娘と見えましたのは、人々を化《ば》かすことが大好きな一匹の狐でございました。そして、そんな悪戯狐《いたずらぎつね》などに迂闊《うかつ》に近づきました安高さまは、不意に尿《にょう》を浴《あ》びせかけられることになったのです。少しばかり言葉を交《か》わすうちに娘の正体に気づきました安高さまは、すぐにも娘に化けた狐を捕らえようとなさいましたけれど、その思惑《おもわく》を見透《みす》かした狐は、安高さまを怯《ひる》ませようと、娘の姿のまま、いきなり尿を放ったのでした。

ここで狐が放ちました尿は、それをかけられた安高さまが「コウコウ」と鳴きながら走り去る狐を追うどころではなくなってしまわれましたように、それはそれは臭《くさ》いものだったそうです。そして、あの頃の人々の体験談からしますと、こんな場合に狐が人々に浴びせかけました尿といいますのは、押《お》し並《な》べてとんでもなく臭いものでございました。

さて、こんな話をお聞かせしましたら、狐に置き土産をされたことなどなさそうな今のみなさんにも、狐の糞《ふん》がどれほど臭かったかを、多少はおわかりいただけましょうかしら。

京中を徘徊する狐たち

藤原実資《ふじわらのさねすけ》の『小右記《しょうゆうき》』によると、寛仁《かんにん》元年（一〇一七）の十月、その頃、後一条《ごいちじょう》天皇が仮の内裏《だいり》として用いていた「一条院《いちじょういん》」と呼ばれる邸宅において、何か狐《きつね》をめぐる不吉な出来事があったらしい。残念ながら、それがどのような出来事であったかは、『小右記』からも知り得ないのだが、しかし、このような記録が残るくらいだから、当時、貴族層の人々の邸宅にもしばしば狐が出没していたということは、まず間違いないだろう。

そして、藤原兼家《かねいえ》の随身《ずいじん》を務めた播磨安高《はりまのやすたか》という人物が狐に誑《たぶら》かされたという話は、『今昔《こんじゃく》物語集《ものがたりしゅう》』によっても伝えられているのだが、これによれば、安高が美しい少女に化けた狐に遭遇した場所というのは、内裏からそれほど離れていない「宴《えん》の松原《まつばら》」と呼ばれる広場であった。その宴の松原の位置は、大内裏《だいだいり》の中心部にして、内裏のすぐ近くである。したがって、少女の姿で安高を誑かした狐は、『今昔物語集』の言うところに従えば、大内裏の中に入り込んでいたことになるのであり、しかも、内裏の間近《まぢか》で悪さをしていたことになるのである。

こうした事実からすれば、王朝時代において、都に住む人々が自宅の近辺で狐を見かけるというのは、おそらく、そう珍しいことではなかったのだろう。そして、狐が京中の人家に上がり込んで臭《くさ》い臭い置き土産をしていくというのも、当時の人々にしてみれば、そうそう珍しいことではなかったのかもしれない。

【狸《たぬき》の鳴き声を聞いたとき】

狸が自宅の近くで鳴いたら要注意！

子《ね》の日なら――南側のご近所の病人が心配
丑《うし》の日なら――南側のご近所でもめごとがあるかも
寅《とら》の日なら――北側のご近所の女性が心配
卯《う》の日なら――身近な子供が心配
辰《たつ》の日なら――南側のご近所の病人が心配
巳《み》の日なら――西側のご近所で何かが
午《うま》の日なら――南側のご近所の人が仕事のことで訪ねてくるかも
未《ひつじ》の日なら――北側のご近所の女性がもめごとに巻き込まれるかも
申《さる》の日なら――北の方角に住む身近な女性が心配
酉《とり》の日なら――南側のご近所でもめごとがあるかも
戌《いぬ》の日なら――西の方角に住む身近な誰かが心配
亥《い》の日なら――西側のご近所の女の子が心配

これは、猟師《りょうし》として身を立てておりました知人から聞いた話でございます。

その猟師が特に尊敬していたお坊《ぼう》さまに、愛宕山《あたごやま》の聖《ひじり》さまがいらっしゃいました。あの頃に「聖」と呼ばれていらしたのは、山奥などで殊更《ことさら》に厳しい修行に励まれる特別なお坊さまたちでしたけれども、私の知人の猟師が頼みとしていました聖さまは、都の西北に聳《そび》えます愛宕山でただただ法華経《ほけきょう》を読み続けていらっしゃる尊いお坊さまだったそうです。

ある日のこと、その愛宕山の聖さまの庵《いおり》を訪れました猟師は、聖さまよりたいへんにありがたいお誘いをいただきます。何と、その夜、普賢菩薩《ふげんぼさつ》さまに会わせてくださるというのです。普賢菩薩さまといいますと、釈迦如来《しゃかにょらい》さまをお支えするとても偉い仏さまですから、その普賢菩薩さまにお会いできるとなると、それはもうたいへんなことでございます。

そして、その夜、聖さまの庵に泊まりました猟師は、真夜中を過ぎた頃、普賢菩薩さまのありがたいお姿を拝見したのでした。眩《まばゆ》い光とともににわかにご出現なさった普賢菩薩さまは、白い象にお乗りになって優しく微笑《ほほえ》んでいらしたといいます。

この光景をご覧になった聖さまは、喜びの涙でお顔をくしゃくしゃになさりながら、ただただ普賢菩薩さまを拝んでいらしたといいます。聖さまにしてみますと、長年の苦行《くぎょう》の末、ついに仏さまにお会いできましたことが、心の底から嬉《うれ》しかったのでございましょう。

しかし、知人の猟師は、本当に普賢菩薩さまのお姿を拝見できましたことが、どうにも腑《ふ》に落ちませんでした。なぜなら、日々の糧《かて》を得るために多くの鳥や獣《けもの》の生命《いのち》を奪う猟師は、けっして仏さまから特別なお恵みをいただけるような身ではなかったからです。

そこで、その猟師は、眼の前の普賢菩薩さまが本物であるかどうかを知ろうと、ずいぶんと思い切ったことをしたのだそうです。つまり、携《たずさ》えておりました弓に矢を番《つが》えまして、普賢菩薩さまを射《い》たのでございます。そして、猟師の放った矢は、みごとに普賢菩薩さまに命中しまして、射られました普賢菩薩さまは、谷底へと落ちていったのでした。

その翌朝、聖さまとともに谷底に下りた猟師が発見しましたのは、その胸を矢に貫《つらぬ》かれて息絶《いきた》えた一匹の大きな狸《たぬき》でございました。そして、その狸を射抜《いぬ》いていましたのは、前夜に猟師の放った矢に他なりませんでした。そうです、聖さまが歓喜《かんき》の涙を流して拝んでいらした普賢菩薩さまは、狸の化《ば》けたものだったのです。

もちろん、仏さまに化けて聖さまを誑《たぶら》かすなど、たいへんに罪深いことでございます。けれども、昔の狸といいますのは、そんな罪深い悪戯《いたずら》に興じる性《た》質《ち》の悪い獣だったのです。ですから、あの頃の人々が狸の鳴き声に不吉なものを感じましたのも、実にもっともなことだったかもしれません。

「狸」と呼ばれた動物の実体

たぶん、われわれ現代日本人の多くは、「狸《たぬき》」と呼ばれる動物の鳴き声を聞いたことがないだろう。われわれが「狸」と呼ぶ動物は、滅多《めった》に鳴くことがないのである。

それにもかかわらず、王朝時代の人々は、「狸」と呼ばれる動物の鳴き声を気味悪がっていたわけだが、実のところ、彼らが「狸」と呼んでいた動物は、われわれが「狸」と呼んでいる動物と、必ずしも一致しないらしい。したがって、当時の人々が嫌がった「狸」と呼ばれる動物の鳴き声は、われわれが「狸」と呼ぶ動物の鳴き声ではないかもしれない。

手短《てみじか》に言うならば、王朝時代の日本人が「狸」という漢字によって表そうとした動物には、われわれが「狸」と呼ぶ動物の他、山猫《やまねこ》や鼬《いたち》や穴熊《あなぐま》といった雑多な野生動物が含まれていた。しかも、王朝時代の人々にとっての「狸」の中心は、むしろ、山猫であったようなのである。その証拠に、われわれの祖先たちは、「狸」という漢字を、王朝時代あたりから「たぬき」とも読むようになる以前には、「ねこ」と読んでいたのであった。

とすれば、王朝時代において不気味がられた「狸」と呼ばれる動物の鳴き声というのは、山猫が発する「アァァ〜オォォ〜」という鳴き声だったのかもしれない。

なお、愛宕山《あたごやま》の聖《ひじり》が普賢菩薩《ふげんぼさつ》に化《ば》けた動物に誑《たぶら》かされたという話は、『今昔物語集《こんじゃくものがたりしゅう》』や『宇《う》治拾遺物語《じしゅういものがたり》』にも見えるのだが、どうしたわけか、『今昔物語集』においては、罰当《ばちあ》たりな悪戯《いたずら》の報《むく》いとして猟師に射殺《いころ》された動物は、「狸」ではなく、「野猪《くさいなぎ》」なのである。

【烏《からす》の鳴き声を聞いたとき】

烏が自宅の近くで鳴いたら要注意!

子《ね》の日なら——**北の方角に住む身近な誰かが心配**
丑《うし》の日なら——**仕事のことでもめごとに巻き込まれるかも**
寅《とら》の日なら——**女性に関することでもめごとに巻き込まれるかも**
卯《う》の日なら——**思わぬ臨時収入があるかも**
辰《たつ》の日なら——**仕事のことでもめごとに巻き込まれるかも**
巳《み》の日なら——**女性に関することでもめごとに巻き込まれるかも**
午《うま》の日なら——**思わぬ臨時収入があるかも/もめごとに巻き込まれるかも**
未《ひつじ》の日なら——**もめごとに巻き込まれるかも**
申《さる》の日なら——**もめごとに巻き込まれるかも**
酉《とり》の日なら——**もめごとに巻き込まれるかも**
戌《いぬ》の日なら——**身近な病人が心配**
亥《い》の日なら——**仕事がたいへんになるかも**

私などは、今のように学問の進みました時代を迎えましても、「コロクコロク」という烏《からす》の鳴き声が聞こえますと、どうにも不安で仕方ありません。きっと、幼い時分に大人たちから教えられたことが、今も心に染《し》み付《つ》いているのでございましょう。あの頃の人々は、「烏の鳴き声が聞こえると、何か悪いことが起きる」と、本気で信じていたものなのです。

ですから、そんな不吉な鳥でありますす烏などが建物の中に舞い込むようなことがありますと、あの頃には、たいへんな騒ぎになったものでした。

三条《さんじょう》天皇さまが世をお治めになっていらした頃のことでございましたか、一羽の烏が朝廷の建物の一つに舞い込んだことがございました。このとき、烏が迷い込みました建物は、よりにもよって、外記庁《げきちょう》だったのだそうです。外記庁といいますのは、大臣《だいじん》さまや大納言《だいなごん》さまのようなとてもとてもお偉い方々がご政務をお執《と》りになる建物でしたから、あの頃の朝廷におきましてたいへんに重要な建物の一つでございます。

そして、その外記庁に飛び込みました烏は、屋内でさんざんに暴れ回ったのでした。何でも、あらん限りの力で飛び回って机を引っ繰り返したり、やみくもに嘴《くちばし》や爪《つめ》を立てて椅子《いす》の上の座布団《ざぶとん》をボロボロにしたり、とにかく、暴れられるだけ暴れたということなのです。その暴れぶりのあまりの凄《すさ》まじさに、烏を追い出そうとして外記庁に集まった方々も、全く手が出せなかったともお聞きしております。また、暴れ飽きた烏がようやく自分の意思で飛び去りました後の外記庁の中は、本当にひどい様子だったそうです。

このようなことがありましたとき、それを何かとてつもなく悪いことの前触《まえぶ》れと見做《みな》しますことは、あの頃の貴族さまたちの間では、ごくごく普通のことでございました。やんごとなき身分の方々といいますのは、不吉なことに関しまして、私どものような身分のない者などより、はるかに敏感でいらっしゃるものだったのです。ですから、こうした折には、朝廷より命《めい》をお受けになった陰陽師《おんみょうじ》さまが占《うらな》いを行うものでございまして、外記庁の烏につきましても、あの安倍晴明《あべのせいめい》さまのご子息の安倍吉平《よしひら》さまが占いをなさったのでした。

それで、その吉平さまの占いによりますと、烏が外記庁に迷い込みましたことは、外記庁を職場となさる貴族さまたちから病人が出ることの前兆でございました。外記庁の烏のことを占われた吉平さまは、外記庁でお仕事をなさる方々のうち、巳《み》年生まれの方と亥《い》年生まれの方とにつきまして、ご病気に注意なさるよう、重々しく警告なさったのです。

こうして病気を予告されました方々は、その後、物忌《ものいみ》などをなさってうまく病気を避けることができましたでしょうか。残念ですけれども、そこまでのことは、私も存じ上げていないのです。

「コロクコロク」と鳴く鳥

どうやら、老尼の知る烏《からす》の鳴き声は、われわれ現代日本人の多くが馴染《なじ》んでいる「カアカア」ではないらしい。右の話を聞かせてくれた折の老尼は、烏の鳴き声を表現するにあたり、確かに「コロクコロク」と口にしたのである。このことは、やはり、老尼の耳には烏の鳴き声が「コロクコロク」と聞こえているという事実を示しているのだろう。

そして、烏の鳴き声を「コロクコロク」と聞くことは、われわれの大昔の祖先たちの間では、実に当たり前のことであったかもしれない。というのも、かの『万葉集《まんようしゅう》』に、次のような一首が収められているからである。

「烏《からす》とふ／大《おお》をそ鳥《どり》の／まさでにも／来《き》まさぬ君《きみ》を／ころくとぞ鳴《な》く」。

「烏とふ大をそ鳥」が「ころくとぞ鳴く」というのは、要するに、「烏という大嘘《おおうそ》つきの鳥」が「『コロク』と鳴くよ」といったことに他ならない。つまり、この万葉歌においては、烏の鳴き声が、間違いなく「コロク」と表現されているのである。

このことからすれば、万葉時代の日本人が烏の鳴き声を「コロクコロク」と聞いていたことは、まず間違いあるまい。そして、万葉時代に続く王朝時代の人々の耳にも、烏の不吉な鳴き声は、「コロクコロク」と聞こえていたものと思われる。

なお、老尼が話してくれた外記庁《げきちょう》での一件は、おそらく、『小右記《しょうゆうき》』が「外記《げき》の物怪《もののさとし》」として記録する長和《ちょうわ》四年（一〇一五）九月の出来事と同一のものであろう。王朝時代の人々は、さまざまな怪異《かいい》を「物怪」と表現したのである。

【梟《ふくろう》の鳴き声を聞いたとき】

梟が自宅の近くで
鳴いたら要注意！

子《ね》の日なら――**子年生まれの人・午年生まれの人が心配**
丑《うし》の日なら――**丑年生まれの人・未年生まれの人が心配**
寅《とら》の日なら――**寅年生まれの人・申年生まれの人が心配**
卯《う》の日なら――**卯年生まれの人・戌年生まれの人が心配**
辰《たつ》の日なら――**辰年生まれの人・酉年生まれの人が心配**
巳《み》の日なら――**巳年生まれの人・亥年生まれの人が心配**
午《うま》の日なら――**午年生まれの人・子年生まれの人が心配**
未《ひつじ》の日なら――**未年生まれの人・丑年生まれの人が心配**
申《さる》の日なら――**寅年生まれの人・未年生まれの人が心配**
酉《とり》の日なら――**酉年生まれの人・辰年生まれの人が心配**
戌《いぬ》の日なら――**戌年生まれの人・亥年生まれの人が心配**
亥《い》の日なら――**未年生まれの人・申年生まれの人が心配**

都のどのあたりでございましたでしょうか、何でも、山奥の森のように大きな木々が鬱蒼《うっそう》と生《お》い茂《しげ》るお屋敷があったのだそうでございます。

そのお屋敷のお庭には、松や楓《かえで》や桜などが何本も何本も植えられていましたが、そのいずれもが、幾十年もの樹齢を重ねましたたいへんに古い樹木でございまして、お屋敷の母屋《おもや》の屋根よりも高いところで枝を広げていたのだそうです。そして、そのような木々には、木霊《こだま》というものが宿るものでございました。あの頃の人々が「木霊」と呼んでおりましたのは、幾星霜《いくせいそう》を経《へ》ました古樹に宿ります精霊のようなものですけれど、やはり、そのお屋敷に生い茂る木々につきましては、木霊が宿っていることが噂《うわさ》されたものでございました。

けれども、そのお屋敷にお住まいになっていらした方々にとりましては、木霊のような姿を見ることもできず声を聞くこともできないものよりも、木々の間に住み着いた狐《きつね》の方が、よほど気味の悪いものだったかもしれません。あの頃の人々が狐につきましてはその鳴き声にさえ不吉な何かを感じていましたことは、先ほどお話ししました通りでございますが、森のようなそのお屋敷には、少なからぬ数の狐が巣《す》を営《いとな》んでいたらしいのです。

また、そんな狐たちにも増してお屋敷のみなさまを不安にさせていましたのは、お庭の黒々とした木々に住み着きました梟《ふくろう》たちだったでしょうか。今のみなさんは、あの梟という鳥を自宅で飼うことさえあるようですけれど、あの頃の都の人々は、梟をたいへんに恐れたものでございました。あの頃には、その鳴き声が聞こえることさえ、とてもとても恐ろしいことだったのです。私なども、ずいぶんと小さかった頃から、「梟の鳴き声が聞こえたら、何か悪いことが起きる」と、何度も何度も言い聞かされたものでした。

ただ、あの頃に都に住んでいました人々の多くは、その梟がどのような鳥であるかを知っていたわけではないのです。ご存じのように、あの鳥は、普通でしたら、深い森に住んでいるものでしたから。今のみなさんにしましても、梟の姿や声を知っているのは、あくまでも写真やテレビを通じてのことでございましょう。

けれども、あのお屋敷に住んでいらした方々ばかりは、梟という鳥がどのように鳴くのかを、よくご存じだったに違いありません。すっかり奥山の森のようになってしまったお庭には、何羽もの梟が住み着いていたというのですから。きっと、毎日のように梟の不吉な鳴き声を耳にされて、いつもいつも不安な気持ちを抱かれていたことでしょう。

そんなお屋敷にお住まいでいらしたのは、確か、ご生前には常陸宮《ひたちのみや》さまでいらした親王《しんのう》さまのお嬢《じょう》さまだったかと存じます。そのお姫《ひめ》さまは、お父上とお母上とを亡《な》くされた後、世間から忘れられて、生い茂る木々の奥でひっそりと暮らしておいでだったのだそうです。

末摘花の邸宅

ここで老尼が話題にした庭に生《お》い茂《しげ》る木々に梟《ふくろう》が住み着く邸宅というのは、もしかすると、老尼の記憶違いで、王朝時代の平安京に実在したものではないかもしれない。

というのは、「ご生前には常陸宮《ひたちのみや》さまでいらした親王《しんのう》さまのお嬢《じょう》さま」が「お父上とお母上とを亡《な》くされた後、世間から忘れられて、生い茂る木々の奥でひっそりと暮らしておいでだった」などと聞かされると、どうしても『源氏《げんじ》物《もの》語《がたり》』に登場するある姫君《ひめぎみ》を思い出さずにはいられないからである。そう、老尼の話によって真っ先に想起されるのは、異形《いぎょう》の姫君として知られる、あの末摘花《すえつむはな》なのではないだろうか。

末摘花という女性は、光源氏《ひかるげんじ》の愛人たちの中では飛び抜けて容貌《ようぼう》が劣《おと》っているという何とも気の毒な設定のゆえに、現代においても、そこそこの有名人ではあるのだろう。そして、彼女の亡き父親は、かつての常陸宮であり、また、噂《うわさ》に惑《まど》わされた光源氏から求愛される以前の彼女は、手入れが行き届かないことから森のようになってしまった庭に木霊《こだま》や狐《きつね》や梟が住み着いた不気味な邸宅でひっそりと暮らす、貴族社会からはほとんど忘れ去られた姫君であった。

このような事情からすれば、博識な老尼が王朝物語に描かれた虚構の出来事と王朝時代に現実に起きた出来事とをうっかり混同してしまっていたということも、全く考えられなくはあるまい。もちろん、あたかも末摘花のような姫君が王朝時代に実在していたということも、全く考えられないわけではないが。

【五位鷺《ごいさぎ》の鳴き声を聞いたとき】

五位鷺が自宅の近くで鳴いたら要注意！

子《ね》の日なら――**思わぬ臨時収入があるかも（北の方角が吉）**
丑《うし》の日なら――**もめごとに巻き込まれるかも**
寅《とら》の日なら――**女性の失敗に巻き込まれるかも**
卯《う》の日なら――**思わぬ臨時収入があるかも（東の方角が吉）**
辰《たつ》の日なら――**身近な誰かが心配**
巳《み》の日なら――**もめごとに巻き込まれるかも**
午《うま》の日なら――**ものすごくいいことがあるかも／ものすごく悪いことがあるかも**
未《ひつじ》の日なら――**思わぬ臨時収入があるかも（自宅が吉）**
申《さる》の日なら――**思わぬ臨時収入があるかも（女性が吉）**
酉《とり》の日なら――**もめごとに巻き込まれるかも**
戌《いぬ》の日なら――**身近な女の子が心配／もめごとに巻き込まれるかも**
亥《い》の日なら――**身近な誰かが心配**

五位鷺《ごいさぎ》が「五位鷺」と呼ばれますのは、鳥の身ながらも五位《ごい》の位《くらい》を持っているからに他なりません。あの頃に貴族さまとして扱われましたのは、五位以上の位をお持ちの方々でしたから、五位鷺という鳥は、鳥ではございますけれど、貴族さまのお一人なのです。

その五位鷺に五位の位をお授《さず》けになったのは、一条《いちじょう》天皇さまのお祖父《じい》さまの村上《むらかみ》天皇さまのお父上でいらっしゃる醍醐《だいご》天皇さまでした。今のみなさんも、「延喜天暦《えんぎてんりゃく》の治《ち》」という言葉はご存じのことと思いますけれど、「延喜《えんぎ》」を年号としていました時代にこの国をとてもご立派にお治めになった天皇さまが、醍醐天皇さまとおっしゃる方でございます。そんな醍醐天皇さまは、たいへんに威厳に満ちた天皇さまでございまして、この天皇さまのご命令に背《そむ》こうとするものなど、ただの一人もおりませんでした。醍醐天皇さまがそうお命《めい》じになりさえすれば、枯《か》れた草木もたちどころに花を咲《さ》かせたものでございましたし、また、空を飛ぶ鳥たちも慌《あわ》てて舞《ま》い降《お》りたものでございました。

あの頃に「神泉苑《しんせんえん》」と呼ばれていましたのは、その南北を二条大路《にじょうおおじ》と三条大路《さんじょうおおじ》とに挟《はさ》まれ、その東西を大宮大路《おおみやおおじ》と壬生大路《みぶおおじ》とに挟まれた一画《いっかく》にございました、今のみなさまにとっての公園のような場所です。そして、その神泉苑にはたいへんに大きな池がありましたため、いつもいつもたくさんの水鳥たちが神泉苑を遊び場にしていたものでした。

ある日、この池の畔《ほとり》にいらした醍醐天皇さまは、水辺に遊ぶ一羽の鷺《さぎ》をお喚《よ》びになりました。それは、黒いような青いような背中と白い飾り羽のある頭とが目立ちます、少し小さめの鷺でございましたが、天皇さまからのお召《め》しを知りますと、即座に御前《ごぜん》に参じたのでした。この鷺もまた、醍醐天皇さまのご命令の重さを、十分に承知していたのです。

そして、この鷺の殊勝《しゅしょう》さに感じ入られた醍醐天皇さまは、勅命《ちょくめい》というもののありがたさを天下に知らしめようとなさったのでしょう、その場で鷺に五位の位をお与えになったのです。そうです、鷺を貴族のお一人となさったのでございます。

このような事情がございましたから、実のところ、あの頃の人々が五位鷺の鳴き声を嫌っていました理由が、私などにはさっぱりわかりません。

あの醍醐天皇さまから五位をいただいたのですから、本当なら、何ともめでたい鳥のはずでございましょう。それなのに、あの頃の人々は、五位鷺の鳴き声を、たいへんに不吉なものとして、ひどく嫌っていたのです。「五位鷺の鳴き声が聞こえたら、きっと何か悪いことが起きる」というのは、あの頃でしたら、小さい子供でも知っていることでした。

もしかすると、あの頃の人々は、あっさりと出世して貴族さまたちの仲間入りを果《は》たしました五位鷺の幸運が、どうにも妬《ねた》ましくて仕方なかったのかもしれません。

鷺に対する複雑な感情

醍醐《だいご》天皇から五位《ごい》を授《さず》けられたというめでたい鳥の鳴き声が凶兆《きょうちょう》とされていたのは、なぜなのだろうか。老尼の語ってくれたところからすれば、王朝時代の人々が五位鷺《ごいさぎ》の鳴き声を忌《い》み嫌《きら》ったというのは、確かに、何か釈然《しゃくぜん》としない話であろう。

ただ、王朝時代の人々というのは、五位鷺を含む鷺《さぎ》に対して、そもそも、ややネガティブな感情を抱いているものであったらしい。

例えば、長和《ちょうわ》四年（一〇一五）の八月、自邸の屋根の上に幾羽かの鷺が集まっているのを見た藤原実資《ふじわらのさねすけ》は、陰陽師《おんみょうじ》たちに卜占《ぼくせん》を行わせたようなのだが、『小右記《しょうゆうき》』に見る限り、ここで実資が卜占を必要としたのは、鷺の行動が凶事の前兆であることを心配したからであった。また、これと同様の出来事は、治安《じあん》三年（一〇二三）十二月の『小右記』にも記録されているのである。

もしかすると、醍醐天皇が五位鷺に五位の位《い》階《かい》を授けたという話も、本来、鷺が本来的には不吉な鳥であったという点が重要だったのかもしれない。もともと草木や鳥類を意のままにできたはずの醍醐天皇が、殊更《ことさら》に鷺に対してのみ、ただ召《め》しに応《おう》じたというだけのことで特別な褒《ほう》賞《しょう》を与えたのは、その鷺という鳥が、元来、人々に不幸をもたらす逆賊《ぎゃくぞく》のような存在だったからなのではないだろうか。

なお、醍醐天皇が神泉苑《しんせんえん》の鷺に五位を与えたという出来事は、天皇という存在の権威がすっかり地に堕《お》ちてしまった時代を描く『平家物語《へいけものがたり》』においては、古きよき時代を懐《なつ》かしむかのような口調で語られている。

釜がひとりでに
音を立てたら要注意！

【釜《かま》の鳴る音を聞いたとき】

子《ね》の日なら――**マイカーやペットが心配／身近な誰かが心配**

丑《うし》の日なら――**仕事のことでもめごとに巻き込まれるかも**

寅《とら》の日なら――**思わぬ臨時収入があるかも**

卯《う》の日なら――**女性はおとなしくしていた方がいいかも**

辰《たつ》の日なら――**お金持ちになれるかも**

巳《み》の日なら――**仕事がたいへんになるかも**

午《うま》の日なら――**黒い服装は不吉**

未《ひつじ》の日なら――**身近な誰かが心配**

申《さる》の日なら――**思わぬ臨時収入があるかも**

酉《とり》の日なら――**女性は誰かと行き違いになるかも**

戌《いぬ》の日なら――**将来の有名人が生まれるかも**

亥《い》の日なら――**仕事のことでもめごとに巻き込まれるかも**

いつのことでございましたか、藤原道長《ふじわらのみちなが》さまがお臥《ふ》せりになりました折、そのご病気の原因として竈《かまど》神《がみ》さまの祟《たたり》が取り沙汰《とざた》されたことがございました。その前日から体調を崩《くず》していらした道長さまは、最初、ご自身のご不調につきまして、それほど深刻には考えていらっしゃいませんでしたけれども、安倍《あべの》吉平《よしひら》さまが陰陽師《おんみょうじ》さまとして占《うらな》いを行われて明らかになさったところ、そのときの道長さまのご病気は、よりにもよって、竈神さまの祟によるものだったのです。

そして、この竈神さまの祟を原因とする道長さまのご病気は、なかなかよくならなかったのでした。もちろん、道長さまのご病気の原因を究明なさった吉平さまは、道長さまを祟からお守りするため、すぐにもお祓《はら》いをなさいました。吉平さまのようなご立派な陰陽師さまともなりますと、お祓いによって神さまの祟を遮《さえぎ》ることなど、造作《ぞうさ》もないことでございましたから。

けれども、これで万事が解決したわけではありません。それから幾日が過ぎた頃のことでしたか、一度は快復なさったはずの道長さまが、再び病《やまい》の床《とこ》に臥されてしまったのです。しかも、陰陽師さまの占いによりますと、またしても、竈神さまの祟こそが、道長さまのご病気の原因だったのでございます。

そして、よくよく調べてみましたところ、竈神さまが道長さまをしつこくお苦しめになったのは、道長さまのお屋敷の竈神さまの祠《ほこら》が少し壊れていたためでした。つまり、道長さまのお屋敷の竈神さまは、ご自身の祠の修理を催促《さいそく》しようと、道長さまを悩ませていらしたというわけだったのです。きっと、その折の竈神さまは、道長さまがなかなか祠のことにお気づきにならなかったので、ずいぶんと怒っていらしたのでしょう。

このように、あの頃の人々にとりまして、竈神さまといいますのは、たいへんに恐ろしい神さまでございました。そして、それは、道長さまのことから十分におわかりいただけましょうが、竈神さまが頻繁に祟を起こす神さまだったからに他なりません。あの頃、身近な誰かが竈神さまの祟のために病気になるというのは、貴族さまたちの間でも、私のような身分の低い者どもの間でも、全く珍しいことではございませんでした。

そんな竈神さまは、非常に怒りっぽい神さまだったわけですけれど、人々を優しく守ってくださる神さまでもありました。家々の竈《かまど》の神さまでいらっしゃる竈神さまは、その家の人々の身に何かが起きることを察知なさったとき、竈の上に置かれた釜《かま》を鳴らして、人々に注意を促《うなが》してくださることもあったのです。

最も身近で最も危険な神さま

王朝貴族の邸宅では、門神《かどがみ》・戸神《とがみ》・井神《いがみ》・竈《かまど》神《がみ》・堂神《どうがみ》・庭神《にわがみ》・厠神《かわやがみ》といった神々が祀《まつ》られていることが普通であったらしい。これらの諸神は、要するに、それぞれの家宅の門・戸・井・竈《かまど》・母屋《おもや》・庭・厠《かわや》の神々であったから、王朝時代の貴族層の人々は、家宅の主要な要素を神格化して祀っていたことになろう。

そして、王朝貴族たちが毎年の四月と十一月とに各々の自宅で行った「宅神祭《やかつがみのまつり》（家神祭）」こそが、門神・戸神・井神・竈神・堂神・庭神・厠神のための祭祀《さいし》であった。当時、家々の門・戸・井・竈・母屋・庭・厠の神々は、「宅《やかつ》神《がみ》（家神）」と呼ばれていたのであり、夏と冬とに定期的に祀られていたのである。

こうして王朝貴族にとって最も身近な神々であった宅神は、しかしながら、どうにも扱いの難しい神々であった。特に、竈神の場合、定例の宅神祭がきちんと行われていても、何かと不満を抱いて人々に祟《たたり》をもたらす、何とも危険な神だったのである。このことは、右の老尼の話に明らかであろう。

ちなみに、老尼が語ってくれたのは、長和《ちょうわ》二年（一〇一三）の夏に起きた出来事であろうか。『御堂関白記《みどうかんぱくき》』によると、同年の四月から六月にかけての藤原道長《ふじわらのみちなが》は、竈神の祟に苦しんでいたらしい。しかも、その祟のことを卜占《ぼくせん》によって明らかにしたのも、その祟を禊祓《みそぎはらえ》によって封《ふう》じようとしたのも、陰陽師の安倍吉平《あべのよしひら》であったらしい。そして、その折、道長が祟から完全に解放されたのは、道長が長く気づかずにいた竈神の祠《ほこら》の破損が、偶然に発見されて修理された後のことであったらしい。

急に動悸《どうき》がはじまったら要注意！

【胸がドキドキするとき】

子《ね》の日なら――**口を滑《すべ》らせると悪いことがあるかも**
丑《うし》の日なら――**暴飲暴食をしてしまうかも**
寅《とら》の日なら――**他人の発言が原因でひどい目に遭《あ》うかも**
卯《う》の日なら――**遠出すると悪いことがあるかも**
辰《たつ》の日なら――**他人の発言が原因でひどい目に遭うかも**
巳《み》の日なら――**他人の発言が原因でひどい目に遭うかも**
午《うま》の日なら――**他人の発言が原因でひどい目に遭うかも**
未《ひつじ》の日なら――**ものすごくいいことがあるかも**
申《さる》の日なら――**優柔不断が原因でひどい目に遭うかも**
酉《とり》の日なら――**ものすごくいいことがあるかも**
戌《いぬ》の日なら――**お金持ちになれるかも**
亥《い》の日なら――**思わぬ臨時収入があるかも**

「この世《よ》をば／わが世《よ》とぞ思《おも》ふ／望月《もちづき》の／欠《か》けたることも／なしと思《おも》へば」というお歌は、ご存じでしょうか。

これは、あの藤原道長《ふじわらのみちなが》さまがお詠《よ》みになったものでございますけれど、このお歌が詠まれました頃、道長さまのご一家は、三人ものお嬢《じょう》さま方が同時にお后《きさき》さまの位《くらい》にお即《つ》きになっていらしたように、たいへんな栄《さか》えようでございました。

そのとき、ご長女の彰子《あきこ》さまが亡《な》き一条《いちじょう》天皇さまの太皇太后《たいこうたいごう》さまでいらっしゃり、ご次女の妍子《きよこ》さまが亡き三条《さんじょう》天皇さまの皇太后《こうたいごう》さまでいらっしゃったうえ、ご三女の威子《たけこ》さまが後一条《ごいちじょう》天皇さまの中宮《ちゅうぐう》さまでいらっしゃったのです。しかも、まだお若くていらした後一条天皇さまは、彰子さまのお産みになった方で、道長さまにはお孫さまにあたっていましたから、当時、道長さまに勝るほどのご権勢をお持ちの方など、誰一人としていらっしゃったはずがございません。

その頃の道長さまが「この世をばわが世とぞ思ふ」と浮かれていらしたのも、もっともなことでございましょう。

けれども、そんな道長さまも、たいへんに残念なことに、ご健康には恵まれていらっしゃいませんでした。この方は、けっしてお身体《からだ》の丈夫な方ではなかったのです。

ご三女の威子さまが後一条天皇さまの中宮さまにおなりになったのは、確か、寛仁《かんにん》二年の十月のことでしたが、実は、その半年ほど前、道長さまが胸の病《やまい》でひどく苦しまれるという出来事がございました。何でも、その日、ご次女の妍子さまのもとをお訪ねになっていた道長さまが、夜間、急に胸を押さえて悶《もだ》えはじめたそうなのです。しかも、そのお苦しみが収まりますまでに、今の時計で二時間ほどもの時間がかかったと伺《うかが》っております。

きっと、このときに道長さまが苦しまれた症状は、今のお医者さまたちが「心臓発作」などと呼ぶものでございましょう。たいへんに高い位をお持ちのたいへんにご立派な貴族さまでいらした道長さまは、あの頃の貴族さまたちとしましては当然のこととしまして、かなりふっくらとしたお身体をなさっておいででしたから、何かと心臓を悪くなさりやすかったのです。もちろん、道長さまが軽い心臓発作に苦しまれるというのは、道長さまにお仕《つか》えしていましたみなさまにとりましては、たいへんに心配なことではございましても、そうそう珍しいことではなかったことでしょう。

ただ、妍子さまのもとにいらした道長さまを襲いました心臓発作は、どうかしますと、その後の道長さまのご繁栄の兆《きざ》しだったのかもしれません。その折、道長さまは夜に発病されたと伺いますけれど、酉《とり》時・戌《いぬ》時・亥《い》時の動悸《どうき》は、何かよいことの兆しなのです。

藤原道長の照れ

天皇の祖父となり三人もの后《きさき》たちの父親となった藤原道長《ふじわらのみちなが》は、自身の権勢を世の人々に見せ付けようと、寛仁《かんにん》二年（一〇一八）の十月十六日、後一条《ごいちじょう》天皇・太皇太后《たいこうたいごう》藤原彰子《あきこ》・皇太后《こうたいごう》藤原妍子《きよこ》・中宮《ちゅうぐう》藤原威子《たけこ》を自邸に迎えて、天皇・太皇太后・皇太后・中宮が一堂に会するという、これ以上ないほどにめでたい場を実現してみせたのであったが、「この世《よ》をば…」の歌が詠《よ》まれたのは、この日のことであった。そして、その日、確かに、「この世」は道長の手の中にあったのである。

ただ、そんな道長も、「この世をば…」の歌を自らの日記に書き留《かと》めはしなかった。たぶん、日記を書こうとしてその日の振る舞いを省みたとき、自身のあまりのはしゃぎぶりが、さすがに恥ずかしくなったのだろう。

そして、「この世をば…」の歌を後世に伝える唯一の史料となった藤原実資《さねすけ》の『小右記《しょうゆうき》』は、件《くだん》の一首を披露《ひろう》しようとした道長が「得意気《とくいげ》な歌ではあるけれど、以前から用意しておいたものではないので」と前置きしていたことをも伝えている。ここには、道長の照《て》れを見ていいのだろう。

なお、老尼の話からすれば、急に胸がドキドキしはじめたときには、その日の干支《えと》に注意するばかりではなく、その時の干支にも注意しなければならないらしい。道長が妍子のもとで心臓の異常に見舞われたのが、老尼の言う如く、午後五時から午後十一時までに該当する酉《とり》時・戌《いぬ》時・亥《い》時の時間帯であったとすれば、確かに、その折の胸の動悸《どうき》は、何かよいことの前兆だったはずなのである。

【顔がほてるとき】

急に赤面したら要注意！

子《ね》の日なら——**何かの病気に罹《かか》るかも**

丑《うし》の日なら——**ものすごく悪いことがあるかも**

寅《とら》の日なら——**何かの病気に罹るかも／ものすごく悪いことがあるかも**

卯《う》の日なら——**有名人に遭《あ》うかも／遠出すると悪いことがあるかも**

辰《たつ》の日なら——**ものすごく悪いことがあるかも**

巳《み》の日なら——**身近な誰かに子供ができるかも**

午《うま》の日なら——**優柔不断が原因でひどい目に遭うかも**

未《ひつじ》の日なら——**思わぬ臨時収入があるかも／ものすごく悪いことがあるかも**

申《さる》の日なら——**思わぬ臨時収入があるかも／ものすごく悪いことがあるかも**

酉《とり》の日なら——**来客があるとものすごくいいことがあるかも**

戌《いぬ》の日なら——**いい話を聞けるかも**

亥《い》の日なら——**ものすごくいいことがあるかも／ものすごく悪いことがあるかも**

あの頃には、どうしたわけでしょうか、赤ら顔《あかがお》の人は幸せにはなれないと思っている人が、少なからずいたものでした。そうした人々は、しばしば公然と「顔が赤い人の身には、よくないことが起きる」などと口にしていたものでございます。

けれども、赤ら顔の人には幸福な人生は訪れないなどといいますのは、あの頃のほとんどの人々にとりまして、あまりにも馬鹿《ばか》げた話でございました。なぜなら、あの時代に生きた誰もが、人並《ひとな》み外《はず》れて赤いお顔をなさっていながらも誰よりもお幸せになった方を、お二人も存じ上げていたからです。

私のような身分の低い者には、そのお顔を直接に拝見する機会など、全くあろうはずもございませんでしたから、これは、あくまで噂《うわさ》に聞いたことに過ぎませんけれども、あの藤原道長《ふじわらのみちなが》さまは、お顔の色がたいそう赤い方だったのだそうです。特に、お鼻や頬《ほお》などは、紅《べに》でもお付けになっているかのようでしたとか。

そして、そんなお噂のあった道長さまは、あの頃の誰よりもお幸せな人生をお送りになった方でございました。天皇さまのお祖父《じい》さまになられ、かつ、お三方ものお后《きさき》さまたちのお父上にもなられたのですから。道長さまのご生涯は、まさに「この世《よ》をばわが世《よ》とぞ思《おも》ふ…」というお歌に違《たが》わぬものだったのです。確かに、それほど長命な方ではありませんでしたが、あの頃に六十二歳まで生きていらした道長さまは、けっして短命な方でもございません。

ですから、もしも、あの頃のこの国におきまして、道長さまよりも大きな幸福を手になさった方がいらしたとしましたら、それは、おそらく、道長さまの北《きた》の方《かた》さまでいらした源倫子《みなもとのともこ》さまだけでございましょう。

この方は、道長さまより二つほど年長でいらっしゃったはずですけれど、道長さまより二十数年も長生きなさって、お亡《な》くなりになったときには九十歳ほどにもなっていらしたとお聞きしております。その長いご生涯の間に、お三方ものお后さまたちのお母上になられ、また、お二人もの天皇さまたちのお祖母《ばあ》さまになられたのでした。

おわかりでしょうか、道長さまの場合、ただお一人の天皇さまのお祖父さまになられただけでございますが、倫子さまの場合には、お二人もの天皇さまのお祖母さまになることができたのです。それは、後一条《ごいちじょう》天皇さまの弟君《おとうとぎみ》でいらっしゃる後朱雀《ごすざく》天皇さまがご即位《そくい》なさったとき、道長さまは既にお亡くなりでしたけれども、倫子さまはまだまだお元気だったからに他なりません。

そして、そんな倫子さまも、そのお顔の色は、たいそう赤かったらしいのでございます。

赤鼻の藤原道長

あの藤原道長《ふじわらのみちなが》が赤《あか》ら顔《がお》であったというのは、どうやら本当のことらしい。『中外抄《ちゅうがいしょう》』というのは、道長の玄孫《げんそん》にあたる藤原忠実《ただざね》の談話を集めた書物であるが、その『中外抄』から、忠実が玄祖父《げんそふ》の御堂関白《みどうかんぱく》道長について「御堂殿《みどうどの》は、紅《べに》を付けたかのようなお鼻や頬《ほお》をしていらっしゃった」と語っていたことが知られるのである。

また、同じ『中外抄』を見る限り、道長の妻の源倫子《みなもとのともこ》が赤ら顔の女性であったというのも、間違った情報ではないかもしれない。というのは、『中外抄』には、忠実の「鷹司殿《たかつかさどの》も顔の腫《は》れる病気を常に患《わずら》っていらした」という証言も収められているからである。

ここに「顔の腫れる病気を常に患って」いたことの見える「鷹司殿」というのは、「鷹司殿」と呼ばれる邸宅に住んでいた倫子その人に他ならない。そして、「顔の腫れる病気を常に患って」いた彼女は、もしかすると、常に赤い顔をしていたのではないだろうか。

それにしても、あの道長の鼻が紅を塗《ぬ》ったかのように赤かったとは。その孫の孫にあたる忠実が知っていたくらいであるから、さらには、自称「身分の低い者」の老尼が噂《うわさ》に聞いていたくらいであるから、道長の赤鼻のことは、王朝時代の都の住人たちの間で、かなり広く知れ渡っていたのかもしれない。

ときに、「顔が赤い人の身には、よくないことが起きる」と説く人々に対して、老尼はずいぶんな敵愾心《てきがいしん》を抱いているようだったが、そんな老尼自身は、赤ら顔であるどころか、白過ぎるほどの色白であったように思う。

左耳でだけ耳鳴りがはじまったら要注意！

【左の耳で耳鳴りがするとき】

子《ね》の日なら──**突然の来客があるかも**
丑《うし》の日なら──**もめごとに巻き込まれるかも**
寅《とら》の日なら──**女性の発言が原因で何かが起きるかも**
卯《う》の日なら──**突然の来客があるかも**
辰《たつ》の日なら──**思わぬ臨時収入があるかも**
巳《み》の日なら──**何かが起きるかも**
午《うま》の日なら──**暴飲暴食をしてしまうかも**
未《ひつじ》の日なら──**何か楽しいイベントがあるかも**
申《さる》の日なら──**暴飲暴食をしてしまうかも**
酉《とり》の日なら──**ものすごくいいことがあるかも**
戌《いぬ》の日なら──**ものすごくいいことがあるかも**
亥《い》の日なら──**ものすごくいいことがあるかも**

【右の耳で耳鳴りがするとき】

右耳でだけ
耳鳴りがはじまったら要注意！

子の日なら――**有名人に遭《あ》うかも**
丑の日なら――**思わぬ臨時収入があるかも**
寅の日なら――**思わぬ無駄遣いがあるかも**
卯の日なら――**思わぬ臨時収入があるかも**
辰の日なら――**ものすごくいいことがあるかも**
巳の日なら――**突然の来客があるかも**
午の日なら――**思わぬ臨時収入があるかも**
未の日なら――**暴飲暴食をしてしまうかも**
申の日なら――**突然の来客があるかも**
酉の日なら――**ものすごく忙しくなるかも**
戌の日なら――**ものすごくいいことがあるかも**
亥の日なら――**何かに悩むことになるかも**

藤原道長《ふじわらのみちなが》さまの従兄《いとこ》でいらっしゃる藤原正光《まさみつ》さまは、女房《にょうぼう》として宮中《きゅうちゅう》にお仕《つか》えするみなさまにとりましては、少しばかり厄介《やっかい》な方でございました。何でも、そのお耳の調子があまりにもよろし過ぎたというのです。ですから、お仲間との噂話《うわさばなし》や内緒話《ないしょばなし》を日々の楽しみになさっていたような方々などは、「正光さまなら、蚊《か》のまつ毛が落ちる音でもお聞きになるのでは」と、たいへん憎々しそうに陰口《かげぐち》をおききになっていたといいます。

蚊のまつ毛のことが本当だったのかどうかはわかりませんけれども、それでも、確かな話としまして、あの頃、宮中にお仕えになっていた女房の方々は、正光さまにお聞かせしたくない話をなさる折、必ずや、まずはお近くに正光さまがいらっしゃらないことをお確かめになったものだったのだそうです。正光さまという方は、お眼の届く範囲にいらっしゃらない人々がお話しになっていることは、それがどれほど声をひそめましたひそひそ話でございましょうとも、必ずはっきりとお聞き取りになることができたらしいのです。

そうしますと、やはり、蚊のまつ毛のお噂なども、正光さまのお耳に入っていなかったはずはないのでしょうね。

もちろん、それほどに優れたお耳をお持ちでいらした正光さまは、耳鳴りなどとは無縁の方だったのでございましょう。

地獄耳の大蔵卿

清少納言《せいしょうなごん》の『枕草子《まくらのそうし》』には、「大蔵卿《おおくらきょう》ばかり耳《みみ》とき人《ひと》はなし。まことに、蚊《か》のまつげの落《お》つるをも聞《き》きつけ給《たま》ひつべうこそありしか」という一節が見えるが、これを現代語に訳すならば、「大蔵卿ほどに耳のいい人はいません。本当に、蚊のまつ毛が落ちる音でもお聞き取りになるに違いないほどのご様子でしたよ」といったところであろうか。

ここにその抜群の耳のよさを謳《うた》われている「大蔵卿」というのは、実のところ、一条《いちじょう》天皇の時代に大蔵卿を務めた藤原正光《ふじわらのまさみつ》に他ならない。そう、老尼の話に登場した正光である。そして、右の清少納言の証言は、正光が並《な》み外《はず》れた聴力の持ち主であったという老尼の話を、しっかりと裏付けてくれることになるだろう。

ちなみに、『枕草子』によると、皇后《こうごう》藤原定子《さだこ》の女房《にょうぼう》として宮中《きゅうちゅう》にいた頃の清少納言は、正光の聴力のすごさを、まざまざと思い知らされたことがあったらしい。うっかり正光のいる部屋で同僚の女房とひそひそ話をしてしまい、話相手の女房にさえ聞き取れないほどに声をひそめたにもかかわらず、内緒の話を正光に聞かれてしまったというのである。しかも、その内緒話の内容は正光の機嫌《きげん》を損《そこ》ねるようなものであったというから、清少納言にとっては何ともばつの悪い出来事であった。

ただ、正光がそれほどまでに優れた聴力を持っていたにしても、その正光が本当に耳鳴りとは無縁であったかどうかは不明である。そのあたりは、あくまで老尼のイメージに過ぎないのかもしれない。

急に「くしゅんっ」としたら要注意！

【くしゃみが出たとき】

子《ね》の日なら――**暴飲暴食をしてしまうかも**
丑《うし》の日なら――**暴飲暴食をしてしまうかも**
寅《とら》の日なら――**遠出すると悪いことがあるかも**
卯《う》の日なら――**遠出すると悪いことがあるかも**
辰《たつ》の日なら――**もめごとに巻き込まれるかも**
巳《み》の日なら――**暴飲暴食をしてしまうかも**
午《うま》の日なら――**女性に関することでひどい目に遭《あ》うかも**
未《ひつじ》の日なら――**恋愛に関してひどい目に遭うかも**
申《さる》の日なら――**何をやってもうまくいかないかも**
酉《とり》の日なら――**男性に関することでひどい目に遭うかも**
戌《いぬ》の日なら――**何をやってもうまくいかないかも**
亥《い》の日なら――**他人に関することでひどい目に遭うかも**

いろいろなことについて諦《あきら》めがつくようになりました近頃はそれほどでもございませんが、もう少し若い時分には、ときどき、殿方《とのがた》たちの馬鹿《ばか》さ加減《かげん》にほとほと嫌気《いやけ》がさしますこともあったものです。殿方の前では少し言いにくいことではあるのですけれども、殿方といいますのは、どうしてああも無神経で無遠慮な振る舞いをするものなのでしょうか。

例えば、くしゃみにつきましての殿方たちの不作法といいましたら、本当にもう、それはそれは目に余るばかりでございました。

先ほどもお話ししましたように、あの頃、くしゃみをしますのは、けっしていいことではございませんでした。くしゃみをした人が「休息万命《くそくまんめい》急々《きゅうきゅう》如律令《にょりつりょう》」と唱《とな》えましたのは、たぶん、くしゃみをすることによって寿命が縮んでしまうかもしれなかったからなのです。また、くしゃみといいますのは、さまざまな悪い出来事の前触《まえぶ》れでもございました。あの頃の子供でしたら、周囲の大人たちから「くしゃみをすると、何か悪いことが起きる」ということを教えられずに育つなど、まずあり得ないことだったでしょう。

けれども、殿方たちときましたら、何かと、大きな音を立ててくしゃみをしたがるものだったのです。私の亡《な》くなった夫なども、傍《かたわ》らで妻がくつろいでいましょうが、周囲で子供たちが眠っていましょうが、くしゃみをしたくなりさえすれば、家中に「はぁっっくしょーんっっ」と鳴り響かせたものでした。そのくしゃみの音は、どう考えましても、わざと必要以上に大きくしたものなのです。しかも、そうして家族たちをびっくりさせるような迷惑なくしゃみをした当人は、型通りに「休息万命…」と唱えながら、どこか満足そうな顔をしているのですから、もう本当に憎らしい限りでございました。

そして、こういうはしたないことをする殿方は、そのようなみっともない振る舞いを、毎年毎年、一年の最初の日からはじめるものだったのです。私の夫など、正月の元旦を迎えますと、まず最初に家中に大きなくしゃみを響かせまして、一人で何やら満足そうにしていたものでございました。どういうつもりでいたのか、今となっては知る術《すべ》もございませんが、私の知人たちに聞きましたところ、どこの家の夫も、だいたい同じような馬鹿げたことをして悦《えつ》に入《い》っていたのだそうです。

ただ、このようなつまらないことに興《きょう》じていましたのは、私や私の夫と同じような低い身分の殿方たちだけでございまして、貴族さまたちの中には、そんな不作法な殿方はいらっしゃらなかったことでしょう。きっと、高い身分をお持ちの殿方は、仕方なくくしゃみをなさるときにも、「くしゅんっ」という静かなくしゃみをなさり、少し恥ずかしそうに「休息万命…」とお唱えになったに違いありません。

元旦のくしゃみ

王朝時代の貴族層の男性たちは、本当に遠慮がちにくしゃみをするものだったのだろうか。老尼の言うところは、もしかすると、あまり品のよくない夫を持ってしまった庶民女性によって産み出された、単なる幻想もしくは妄想に過ぎないのではないだろうか。

このように疑ってしまうのは、どうやら、清《せい》少納言《しょうなごん》のような貴族層の女性の生活圏にも、毎年の元旦に誰よりも早くくしゃみをすることに満足感を抱くような、無神経で無遠慮で不作法な男性がいたらしいからである。そして、このように述べるのは、清少納言の『枕草子《まくらのそうし》』に、「したり顔《がお》なるもの」の一例として、「正月一日に最初に鼻《はな》ひたる人」が挙げられているからに他ならない。

ここに言う「したり顔なるもの」というのは、「得意気《とくいげ》な顔をした人」のことである。また、「正月一日に最初に鼻ひたる人」というのは、「元旦に最初にくしゃみをした人」のことである。そして、右の如《ごと》くに証言する清少納言は、当然、「元旦に最初にくしゃみをした人」が「得意気な顔」をしているところを見たことがあるのだろう。

ただ、『枕草子』の右の一節には、「よろしき人はさしもなし。下臈《げろう》よ」という断《ことわ》り書きが付けられているから、ある程度以上の身分の貴族たちは、やはり、くしゃみに快感を見出すようなみっともないまねはしなかったのだろう。右の断り書きは、「立派な身分を持つ人はそうでもありません。そんなことをするのは身分の低い者ですわ」とでも訳しておけばよいだろうか。

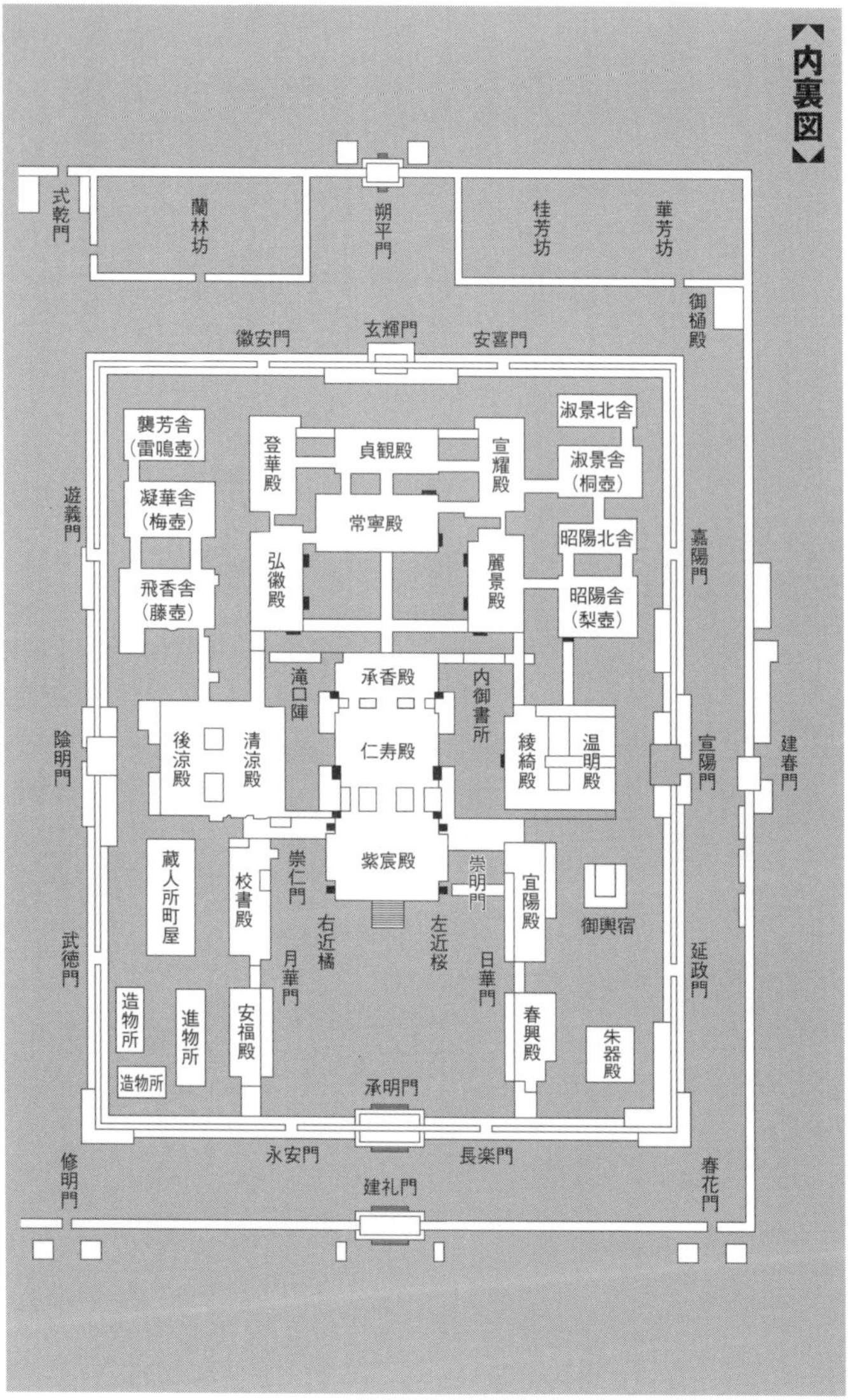
内裏図
式乾門
蘭林坊
朔平門
桂芳坊
華芳坊
御樋殿
徽安門
玄輝門
安喜門
淑景北舎
襲芳舎（雷鳴壺）
登華殿
貞観殿
宣耀殿
淑景舎（桐壺）
遊義門
凝華舎（梅壺）
常寧殿
昭陽北舎
嘉陽門
弘徽殿
麗景殿
飛香舎（藤壺）
昭陽舎（梨壺）
滝口陣
承香殿
内御書所
陰明門
後涼殿
清涼殿
仁寿殿
綾綺殿
温明殿
宣陽門
建春門
蔵人所町屋
校書殿
崇仁門
紫宸殿
崇明門
宜陽殿
御輿宿
右近橘
左近桜
武徳門
月華門
日華門
延政門
造物所
進物所
安福殿
春興殿
朱器殿
造物所
承明門
永安門
長楽門
修明門
建礼門
春花門

第四章

よりよい明日のために

【恋心に気づいてもらいたい】

想《おも》い人《びと》の家の近くで萩《はぎ》を見つけ、その葉と葉とを結ぶ。

恋のおまじないに萩《はぎ》の葉を結ばれたのは、確か、藤原定頼《ふじわらのさだより》さまでございました。定頼さまとおっしゃる方は、かの藤原公任《きんとう》さまのご子息でございます。

定頼さまのお父上の公任さまという方は、多くのことにたいへん優れた方でございまして、いろいろな逸話《いつわ》を残していらっしゃいます。そうそう、その中でも特によく知られていますのは、大井川《おおいがわ》の舟遊《ふなあそ》びの折のご活躍でございましょう。

その舟遊びをご用意なさった藤原道長《みちなが》さまは、三艚《そう》の舟をお仕立てになりまして、その三艚の一つずつに別々の才能をお持ちの方々をお乗せになりました。一艚には漢詩に堪能《たんのう》な方々、もう一艚には和歌の上手な方々、そして、残りの一艚には音楽に巧《たく》みな方々。何かと派手なことのお好きな道長さまは、せっかくの舟遊びを盛り上げるため、そんなふうにお決めになったのでございます。

ところが、少し遅れて舟遊びに参加された公任さまは、その日の趣向をお知りになると、どの舟にお乗りになるべきか、たいそう悩まれたそうです。それは、公任さまが漢詩・和歌・音楽のいずれにも本当に優れていらっしゃったからに他なりません。また、公任さまのご才覚の多彩さを十分に承知していらした道長さまは、ただ公任さまお一人だけには、どれでも好きな舟にお乗りになることをお許しになっていらっしゃったのでした。

そんな公任さまのご自慢のご子息が、定頼さまでございます。お年を召《め》されて都からほど近い長谷《はせ》の地に隠居なさった公任さまは、定頼さまが久しぶりに訪ねていらっしゃった折、定頼さまをご覧になってこうおっしゃったのだそうです。

「もしこれが他人の息子であったなら、あまりの羨《うらや》ましさにどうしても自分の息子にしたくなるだろう。顔つき・身体《からだ》つき・性格・才能、そのどれをとってもすばらしい」。

何とも気恥《きは》ずかしいほどの賞賛のお言葉でございましょう。

こうして公任さまもお認めになった才人の定頼さまは、女性からの人気もたいそうなものでございました。和泉式部《いずみしきぶ》さまのお嬢さまの小式部《こしきぶ》さまに懸想《けそう》していらした頃には、かの「大江山《おおえやま》／いくのの道《みち》の／遠《とお》ければ／ふみもまだみず／天《あま》の橋立《はしだて》」の歌のために恥をおかきになったこともありましたけれども、そういう少しばかりお軽いところが、貴族さまのお嬢さまたちからしますと、かえってかわいらしかったのかもしれません。

その定頼さまが萩《はぎ》のおまじないをなさった想《おも》い人《びと》は、宮中では「大弐三位《だいにのさんみ》」と呼ばれていらした藤原賢子《かたこ》さまでした。そうです、紫《むらさき》式部《しきぶ》さまのお嬢さまでございます。どこかに遠出をなさる途中で賢子さまのお屋敷の前をお通りになった定頼さまは、なかなか届かぬお気持ちをどうにかしてお伝えしようと、このおまじないをなさったのでございました。

才人たちの恋の鞘《さや》当《あ》て

藤原道長《ふじわらのみちなが》主催の舟遊《ふなあそ》びで藤原公任《きんとう》が才人ぶりを見せたと伝える『大鏡《おおかがみ》』は、公任が幼い頃から優秀であったことを証言する。少年時代の道長などは、父親の藤原兼家《かねいえ》が公任を絶賛するのを悔しく思っていたというのである。

また、そんな公任が息子の藤原定頼《さだより》をベタ褒《ぼ》めしたというのは、『栄花物語《えいがものがたり》』に見える話だが、同書によると、その折の公任は、眼に喜びの涙を浮かべてさえいたらしい。ただ、『金葉《きんよう》和歌集《わかしゅう》』に見える「大江山《おおえやま》…」の一首の詞書《ことばがき》からも知られるように、定頼に軽薄なところがあったことは間違いない。

その定頼が大弐三位《だいにのさんみ》藤原賢子《かたこ》に懸想《けそう》して萩《はぎ》の葉を結んだというのは、おそらく、本当のことであろう。老尼の話にあった出来事は、賢子の私家集《しかしゅう》である『大弐三位集《だいにのさんみしゅう》』や勅撰和歌集《ちょくせんわかしゅう》の『新千載和歌集《しんせんざいわかしゅう》』によっても伝えられているのである。

二つの歌集によれば、定頼のまじないに気づいた賢子は、定頼に「なほざりに／穂末《ほずえ》を結《むす》ぶ／萩《はぎ》の葉《は》の／音《おと》もせでなど／人《ひと》の往《ゆ》きけん」という和歌を送っている。「恋のおまじないだけして、その想いを口に出しておっしゃろうとしないのは、どうしてかしら」と、相手の煮え切らなさをなじったわけである。

これに対する定頼の返歌は、「往《ゆ》きがてに／結《むす》びしものを／萩《はぎ》の葉《は》の／君《きみ》こそ音《おと》も／せでは寝《ね》にしか」というものであった。「あなたこそ、私が恋のおまじないをしているのに気づきながら、寝たふりをして何もおっしゃってくださらなかったのですね」と、相手のつれなさをなじり返したのだろう。

【未来を知りたい】

岐《ふなど》塞《さえ》 夕占《ゆうけ》の神《かみ》に 物問《ものと》はば
道往《みちゆ》く人《ひと》よ 占正《うらまさ》にせよ

①道に出て右の呪文を三回唱《とな》える。
②自分の周囲に米を撒《ま》き散《ち》らす。
③櫛《くし》の歯を三回鳴らす。
④米の散らばる範囲を通りかかった人の言葉に耳を傾ける。

藤原道長《ふじわらのみちなが》さまのお母上は、摂津守《せっつのかみ》をお務めになった藤原中正《なかまさ》さまのお嬢さまでございまして、藤原時姫《ときひめ》さまとおっしゃいました。道長さまのお母さまでございますから、もちろん、藤原兼家《かねいえ》さまとご結婚なさった方でございますけれども、藤原道綱《みちつな》さまをお産みになって『蜻蛉日記《かげろうにっき》』をお書きになった女性とは、全く別の方でございます。兼家さまの二番目か三番目かの奥さまでいらした道綱さまのお母上とは違いまして、道長さまをお産みになった時姫さまは、兼家さまが最初にご結婚なさった方で、兼家さまの北《きた》の方《かた》さまになられた方なのです。

さて、その時姫さまでございますが、まだお若くていらした頃といいますから、兼家さまとご結婚なさる以前のことになりましょうか、一度だけ、ご自身で夕占《ゆうけ》をなさったことがございました。ある日の夕方、お米や櫛《くし》をお持ちになって二条大路《にじょうおおじ》にお出ましになり、そこで呪文を唱《とな》えたりお米を撒《ま》いたり櫛の歯を鳴らしたりということをなさって、ご自身の将来をお知りになろうとされたのです。言い忘れていましたが、このようにして未来を知ろうとすることを、あの頃の言葉で「夕占」と呼びます。

けれども、これは、受領《ずりょう》さまのお嬢さまのお振る舞いとしましては、ずいぶんと大胆なものでございましたから、きっと、お父上の中正さまには内緒でなさったことだったに違いありません。夕占をなさろうという時姫さまは、お供《とも》の方もほとんどお連れになっていなかったはずですけれど、夕方以降に少人数で大路に出るなど、盗賊《とうぞく》やら野良犬《のらいぬ》やらが数多くおりましたあの頃の都では、たいへんに危険なことでございました。

そして、そんな危険を冒《おか》してまで夕占をなさった時姫さまは、そのお覚悟のほどに見合うだけの、すばらしい結果を得ることができたといいます。何でも、真っ白な頭をしました見知らぬ老女が、櫛を片手に大路に佇《たたず》んでいらした時姫さまの前に立ち止まりますと、こんなふうに話しかけたらしいのです。

「何をしておいでかな。もしや、夕占をなさってか。それでしたら、これからのあなたは、どんなことでもお望みのままに実現なさって、この二条大路よりも広く長くお栄えになるはずなのですよ」。

この夕占が的中しましたことは、たぶん、誰もが認めるところでございましょう。いえ、この夕占が的外《まとはず》れなものだったなどと言うものは、一人もいないに違いありません。なぜなら、その後、兼家さまとご結婚された時姫さまは、関白《かんぱく》さまの北の方さまにおなりになったばかりか、三人もの関白さまや摂政さまのお母上になられ、お二人もの天皇さまのお祖母《ばあ》さまになられたのですから。

ある姫君の夕占

老尼が教えてくれた「岐塞《ふなどさえ》…」という呪文は、とりあえず、「岐《ふなど》の神《かみ》や塞《さえ》の神《かみ》といった夕占《ゆうけ》の神《かみ》に尋ねたいことがあるときには、往来を通る人よ、よい結果が占《うらな》われるようにしてくれ」とでも訳しておこうか。

ここに登場する「岐の神」「塞の神」は、いずれも道に関わる神に他ならない。王朝時代の人々は、道が分かれる辻《つじ》のことを「岐《ふなど》」と呼んだのであり、また、異境への道がはじまる境界のことを「塞《さえ》」と呼んだのである。

そして、道の特殊な部分が神格化された岐の神や塞の神は、王朝時代において、道の特殊な側面を司《つかさど》る神々だったのかもしれない。右の呪文を見る限り、岐の神および塞の神は、当時の人々にとって、「夕占の神」だったからである。「夕占」と呼ばれる素朴な卜占《ぼくせん》が道というものの特別な性格と深く関わっていたことは、老尼の話に明らかであろう。

なお、藤原時姫《ふじわらのときひめ》が若い時分に自ら夕占を行ったという話は、歴史物語の『大鏡《おおかがみ》』にも見えるのだが、同書の伝えるところでも、二条大路《にじょうおおじ》に立って夕占を行う時姫は、白髪の老婆《ろうば》から万全の未来を請《う》け合《あ》われるのであった。そして、その後の時姫がどれほどすばらしい人生を送ることになったかは、老尼の語ってくれた通りであり、その詳細については、やはり、『大鏡』あたりを参照してもらいたい。

それにしても、中級貴族家の姫君《ひめぎみ》でありながら自ら夕占を行うという大胆な行動に出た時姫は、そのとき、何を占おうとしていたのだろうか。それは、ことによると、藤原兼家《かねいえ》との結婚に関することだったのかもしれない。

【よい夢を現実にしたい】その一

福《ふく》徳《とく》増《ぞう》長《ちょう》須《す》弥《み》功《く》徳《どく》神《しん》変《ぺん》王《おう》如《にょ》来《らい》

呪文を三回唱《とな》える。

あの頃の人々にとりましては、夢というものなども、自分の将来を知るための重要な手がかりでございました。今のみなさんは、少しばかり夢を侮《あなど》っているようですけれど、私たちが先々に経験するはずの大きな出来事といいますのは、大抵《たいてい》、夢によってあらかじめ示されているものなのですよ。

ただ、夢によって知ることのできます未来は、けっして完全に定まってしまっているようなものでもございません。ですから、夢の教えてくれた将来が何かよくないものでありますようなときには、その夢の意味をきちんと理解してさえいますなら、夢に見ました悪い未来を遠ざけることもできるものなのです。そんなとき、あの頃の人々でしたら、悪い夢が現実になりませんよう、「唐国《からくに》の／苑《その》の御嶽《みたけ》に／鳴《な》く鹿《しか》も／違《ちが》へをすれば／許《ゆる》されにけり」と唱《とな》えますなど、いろいろなおまじないをしたものでございます。

そんなわけですから、夢がたいへんにすばらしい将来を教えてくれましたときにも、ただただその夢を信じているだけでは、夢に見た通りの未来が訪れるとは限らないものでございます。そのようなときにも、何か夢を現実にするためのおまじないでもしておきませんと、せっかくの夢がどこかに逃げてしまうかもしれないものなのです。そして、あの頃の人々が「福徳増長《ふくとくぞうちょう》…」と唱えましたのは、ありがたい夢を実現させようとしてのことでございました。

ですから、あのときの藤原師輔《ふじわらのもろすけ》さまは、きっと、「福徳増長…」と唱えますことを、すっかりお忘れになっていらしたに違いありません。

あるとき、師輔さまがご覧になったのは、都を両のお足でお跨《また》ぎになって両のお手で内裏《だいり》をお抱《かか》えになるという夢でございました。そして、このたいへんに壮大な夢は、師輔さまが関白《かんぱく》さまや摂政《せっしょう》さまにおなりになるということを示していたに違いありません。都をお跨ぎになるというのは、この世をお治めになるということでございましょう。また、内裏をお抱えになるというのは、天皇さまを意のままになさるということでございましょう。

けれども、この夢に有頂天《うちょうてん》になられた師輔さまは、夢を現実にするためのおまじないをなさる前に、夢のことをどなたかに話してしまわれたのでした。そして、師輔さまから夢のことを伺《うかが》ったそのどなたかは、「都を跨いだりしては、さぞかし股《また》が痛かったことでしょう」などとおっしゃって、師輔さまのご出世に関わる夢を茶化《ちゃか》してしまわれたのです。

その後、師輔さまが関白さまや摂政さまになられることは、ついにございませんでした。いえ、それどころか、無思慮などなたかに吉夢を茶化されました師輔さまは、そこでご幸運を失ってしまわれたらしく、わずか五十余歳でお亡《な》くなりになったのでした。

吉夢の扱いをしくじった九条殿

「九条殿《くじょうどの》」と呼ばれた藤原師輔《ふじわらのもろすけ》が藤原道長《みちなが》の祖父であるというのは、既に述べたところであるが、道長の家系が後世の人々から「九条流《くじょうりゅう》」と呼ばれることになるのは、師輔こそが道長の家系の祖と見做《みな》されたからである。しかし、その師輔は、「この世《よ》をばわが世《よ》とぞ思《おも》ふ…」と詠《えい》じた道長の祖父にしては、それほどの出世をしていない。老尼の話にもあったように、この師輔は、結局、関白《かんぱく》にも摂政《せっしょう》にもなれなかったのである。

実のところ、道長の祖父にあたる師輔は、冷《れい》泉《ぜい》天皇および円融《えんゆう》天皇の祖父にもあたっている。そして、王朝時代、天皇の祖父というのは、関白なり摂政なりとして、朝廷を牛耳《ぎゅうじ》ることができるはずであった。

それにもかかわらず、冷泉天皇の時代にも、円融天皇の時代にも、その祖父である師輔が関白あるいは摂政となることはなかったわけだが、それは、冷泉天皇や円融天皇が即位したとき、師輔が既に他界してしまっていたからに他ならない。

そんな間《ま》の悪いことになったのは、老尼によれば、師輔自身がせっかくの吉夢の扱いをしくじったがゆえのことであった。そして、『大鏡《おおかがみ》』という歴史物語もまた、それと同じような説明をしている。また、その『大鏡』によると、師輔の吉夢を茶化《ちゃか》したのは、師輔に仕《つか》える利口ぶった女房《にょうぼう》であったらしい。

なお、老尼が教えてくれた「福徳増長《ふくとくぞうちょう》…」という呪文は、おそらく、「福徳増長須弥功徳神《ふくとくぞうちょうすみくどくしん》変王如来《べんおうにょらい》」という何ともありがたい名号《みょうごう》の仏に夢の実現を願うものなのだろう。

【よい夢を現実にしたい】その二

南《な》無《む》成《じょう》就《じゅ》須《す》弥《み》功《く》徳《どく》王《おう》如《にょ》来《らい》

呪文を三回唱《とな》える。

上総介《かずさのすけ》をお務めになった菅原孝標《すがわらのたかすえ》さまの北《きた》の方《かた》さまは、たいへんに古風な方でいらっしゃいましたため、そのお嬢さま方が都をお出になることなど、滅多にお許しにならなかったのだそうです。ですから、下のお嬢さまが長谷寺《はせでら》に参詣《さんけい》なさることを強く望まれた折にも、断固として反対なさったとお聞きしております。

長谷寺のございます大和国《やまとのくに》の初瀬《はせ》の地は、都からそう遠く離れていたわけでもございませんから、あの頃にも、貴族さまの北の方さまやお嬢さまが少しばかりのお供《とも》だけをお連れになって初瀬詣《はせもうで》においでになることなど、それほど珍しくはございませんでした。確か、清少納言《せいしょうなごん》さまや紫式部《むらさきしきぶ》さまも、長谷寺には幾度か参詣なさっていたかと存じます。

けれども、孝標さまの北の方さまは、ご自身がほとんど都をお出になることなくお育ちになったためなのでしょう、けっしてお嬢さま方の遠出をお許しにはなりませんでした。下のお嬢さまから初瀬詣のことをせがまれましても、「逢坂山《おうさかやま》の関所《せきしょ》を越えて都のある山城国《やましろのくに》を出るなど、考えただけでも恐ろしいことです」「途中の奈良坂《ならざか》で盗賊《とうぞく》に拐《かどわ》かされたらどうするのですか」などとおっしゃって、全く取り合おうとはなさらなかったのです。

ただ、そんな北の方さまも、お嬢さまのお望みを多少はかなえて差し上げようと思われたのでしょうか、お知り合いのお坊《ぼう》さまにお願いして、お嬢さまの代わりに長谷寺に参詣していただくことになさったのでした。お坊さまに代理の参詣をお願いするというのは、あの頃でしたら、そうそう珍しいことでもございません。

そして、お嬢さまに代わって長谷寺に赴《おもむ》かれたお坊さまは、初瀬詣からお戻りになると、北の方さまやお嬢さまを前に、長谷寺でご覧になった夢のことをお話しになったのでした。それは、お嬢さまの代理として初瀬詣においでになったお坊さまが長谷寺でご覧になった夢が、あの頃の人々の考えでは、お嬢さまのものであるはずだったからでございます。

このとき、そのお坊さまの口から語られました夢は、たいへんに高貴な女性の携《たずさ》えます鏡《かがみ》に、孝標さまの下のお嬢さまの将来のお姿が映ったというものでございましたが、その鏡の中のお嬢さまは、とても栄えていらっしゃったのだそうです。その夢がお嬢さまにとりましての吉夢でございましたことは、全く疑うべくもございません。

ですから、この夢のことをお聞きになったお嬢さまは、すぐにでも「南無成就《なむじょうじゅ》…」という呪文を唱《とな》えるなどして夢を現実にするためのおまじないをなさっておくべきでした。けれども、そのときのお嬢さまは、大事なおまじないをなさらなかったばかりか、せっかくの吉夢に興味をお示しになることさえなかったのです。きっと、ご自身が長谷寺に参詣なされなかったことで、ひどくむくれていらしたのでございましょう。

夢を軽んじる菅原孝標女

　ここで老尼の教えてくれた「南《な》無《む》成就《じょうじゅ》…」という呪文は、やはり、「成就須《じょうじゅす》弥《み》功《く》徳《どく》王《おう》如来《にょらい》」という名号《みょうごう》の仏の力を借りるためのものであろう。そして、そのありがたい名号の仏の力によって吉夢を現実にするというのが、右の呪術の趣旨に違いない。

　しかし、せっかくこのような便利な呪術を知っていても、また、せっかく栄光の未来を示す吉夢を見ても、その吉夢を見た当人が夢を蔑《ないがし》ろにしたのでは、どうなるものでもあるまい。老尼の話に出てきた菅原孝標《すがわらのたかすえ》の娘のような態度では、すばらしい未来の訪れを、自ら遠ざけてしまうだけなのではないだろうか。

　なお、老尼の言う「孝標さまの下のお嬢さま」というのは、おそらく、「菅原孝標女《すがわらのたかすえのむすめ》」と呼ばれることの多い『更級日記《さらしなにっき》』の作者であろう。『更級日記』の作者に姉がいたことは、王朝文学の愛好家の間では、既にお馴染《なじ》みのことに違いない。

　そして、その菅原孝標女が若き日に自分の将来に関する夢を無視したことは、『更級日記』からも知ることができる。『更級日記』によれば、古風な母親に初瀬《はせ》詣《もうで》を禁止された孝標女は、自身で長谷寺《はせでら》に参詣《さんけい》できなかったことがよほど不満であったらしく、母親が用意した代参僧《だいさんそう》から長谷寺で見たという夢のことを報じられても、「耳《みみ》もとどめず」という態度を見せるばかりだったらしいのである。

　ただし、『更級日記』によれば、その代参僧が長谷寺から持ち帰ったのは、よい将来を示すものと悪い将来を示すものとの二つの夢であったらしい。

【よい夢を現実にしたい】その三

悪夢《あくむ》は草木《くさき》に着《つ》き、
吉夢《きちむ》は宝玉《ほうぎょく》となる

①桑《くわ》の木の下で見た夢の内容を口にする。
②右の呪文を三回唱《とな》える。

これが本当の話でございますかどうかは、私などには判断のしようもございませんけれども、ある明け方の藤原実資《ふじわらのさねすけ》さまは、たいへんに不思議で何とも恥ずかしい夢をご覧になったのだそうでございます。その夢といいますのは、実資さまと藤原頼通《よりみち》さまとのお二人が、烏帽子《えぼし》もお着《つ》けにならないしどけないお姿で、抱き合って睦《むつ》まじく共寝《ともね》をなさっているというものでした。このようなことを話しますのは、私にも少し恥ずかしいことなのですが、あの頃の殿方《とのがた》は、よほど気を許した女性と睦《むつ》み合《あ》うときでもなければ、烏帽子を脱いだりはしないものでございましたから、烏帽子をお脱ぎになったお姿で抱き合っていらしたという実資さまと頼通さまとは、殿方どうしでいらっしゃりながらも、その夢の中では、恋人どうしのような関係でいらしたことになりましょうか。

しかも、そのお二人が共寝をなさっていた場所は、夢の中のことではございますけれども、恐れ多くも、内裏《だいり》の清涼殿《せいりょうでん》のどこかであったとお聞きします。清涼殿といいますのは、代々の天皇さまたちのご寝所《しんじょ》となってきた建物でございましたから、夢の中の実資さまと頼通さまとは、あろうことか、天皇さまがお休みになっている傍《かたわ》らで、恋人どうしのような睦み合いをしていたことになるのかもしれません。そう考えますと、実資さまがご覧になりました夢は、本当にたいへんなものでございます。

私がその夢のことを噂《うわさ》に聞きました頃、右大臣《うだいじん》さまでいらっしゃった実資さまは、もう七十歳は超えていらしたかと存じます。また、そのしばらく以前から関白《かんぱく》さまでいらっしゃった頼通さまも、そのご年齢は四十歳に近かったのではないでしょうか。ですから、ある日の明け方に実資さまがご覧になった夢は、七十余歳のご年配の右大臣さまと四十歳ほどの壮年の関白さまとが、天皇さまのご寝所のお近くにおきまして、あたかも恋人どうしのようなご様子で共寝をしていらっしゃるという、顔を赤らめずには聞いていられないような、何とも破廉恥《はれんち》な夢でございました。

それでも、私が耳にしましたところによりますと、当の実資さまは、頼通さまと共寝をなさっていた夢を、たいへんにありがたがっていらしたらしいのです。どうしてそのようなことになるのか、私などにはさっぱり見当もつきませんけれども、その夢は、実資さまにとりましては、たいへんな吉夢だったのでございましょう。

ですから、この夢をご覧になった実資さまは、目を醒《さ》まされるや、「悪夢《あくむ》は草木《くさき》に…」という呪文をお唱《とな》えになったかもしれません。その夢は、実資さまにとりましては、まさに宝玉《ほうぎょく》になるかもしれないような吉夢だったのでございましょうから。

「余の玉茎は木の如し」

老尼が藤原実資《ふじわらのさねすけ》の見たものとして語ってくれた夢は、健全な青少年には少しばかり刺激が強過ぎるかもしれない。その夢の中では、老年と中年との二人の男性が抱き合って寝ていたというのであるから。しかも、その二人は、頭に烏帽子《えぼし》を着けていなかったということだが、王朝時代の男性が人前で烏帽子を脱ぐのは、少なくとも、現代日本の男性が人前でズボンを脱ぐのと同じほどには、特別な意味を持つ行為だったはずなのである。

だが、実資が老尼の話にあったような夢を見たというのは、どうやら、確かな事実であるらしい。なぜなら、実資の日記である『小右記《しょうゆうき》』が、長元《ちょうげん》二年（一〇二九）九月二十四日の明け方の出来事として、内裏《だいり》の清涼殿《せいりょうでん》で関白《かんぱく》藤原頼通《よりみち》と抱き合って眠る夢を見たということを、はっきりと証言しているからである。これは、決定的な証拠であろう。

そして、『小右記』によれば、その夢の中の実資は、「余《よ》の玉茎《ぎょくけい》は木の如《ごと》し。着《ちゃく》する所《ところ》の白綿衣《ゆうのころも》は太《おお》いに凡《はら》める也《なり》」という状態であった。つまり、頼通と抱き合っていることに興奮していたようなのである。実資の股間《こかん》はたいへんなことになっていたようなのである。

ただ、その日の『小右記』には、「恥《は》ずかしと思《おも》ふ程《ほど》に夢《ゆめ》の覚《さ》め了《お》はんぬ。若《も》しくは大慶《たいけい》の有《あ》るべきか」との一節も見えるから、実資が右の夢を吉夢と見做《みな》していたことは、まず間違いあるまい。そして、そんな実資であれば、その朝、「悪夢《あくむ》は草木《くさき》に…」という呪文を唱《とな》えたということも、十分にあり得るのではないだろうか。

【農作物を害虫から守りたい】

南《な》無《む》神《しん》提《だい》波《ば》羅《ら》龍《りゅう》王《おう》

呪文を二十一回唱《とな》える。

後一条天皇《ごいちじょう》さまがご即位《そくい》なさってから二回目の秋のことでございましたか、たいへんな虫害《ちゅうがい》が起きたことがございました。蝗《いなご》という虫のことは、今のみなさんもご存じでしょうけれど、とんでもない数の蝗たちが、あちらの国でも、こちらの国でも、収穫前の田や畑をさんざんに喰《く》い荒《あ》らしたのでございます。

私のように都で暮らしておりました者は、ただただ話に聞くばかりでございましたが、その折の蝗たちの勢いは、本当にすごいものだったのだそうです。私が耳にしました噂《うわさ》によりますと、一国中が被害に遭《あ》いました丹波国《たんばのくに》では、米や麦の穣《みの》りました田や畑ばかりか、まだ開墾《かいこん》もされていません山や野までもが、赤っぽい身体《からだ》の蝗の大群に埋め尽くされてしまいまして、あたかも絵の具に使います丹《に》でもふり撒《ま》きましたかのような様子だったといいます。そして、刈《か》り入れを控えて黄金色《こがねいろ》に染まっていました田畑も、紅葉の季節もまだ遠く青々としていました山野も、数えきれないほどの蝗たちによりまして、ことんまで食べ尽くされてしまったらしいのです。

そのようなひどい虫害のことを朝廷に報告しましたのは、最初、山城国《やましろのくに》や丹波国だけだったといいます。ご承知のことかもしれませんが、都が置かれていましたのが山城国でございまして、その西隣の国が丹波国でございますね。けれども、山城国や丹波国を襲いました蝗たちは、それだけではまだまだ食べ足りなかったのでしょうか、次には丹後国《たんごのくに》や但馬国《たじまのくに》にも襲いかかりまして、ついには摂津国《せっつのくに》・伊勢《いせの》国《くに》・近江国《おうみのくに》・越前国《えちぜんのくに》・播磨国《はりまのくに》などでもさんざんなことをしたようなのです。結局、都から遠くない国々のほとんどが、けっして小さくはない虫害に泣かされることになったのでございます。

こうした災害が起きましても、今のみなさんでしたら、飛行機で殺虫剤を撒《ま》くなどしまして、たちどころに蝗たちを滅ぼしてしまいますでしょう。けれども、そんなことがあの頃の人々にできたはずもございません。そして、このようなとき、あの頃の人々にできましたのは、ただただ神仏におすがりすることだけでございました。

現に、まだ幼くていらした後一条天皇さまをお支えして朝廷を取り仕切られていた藤原道長《ふじわらのみちなが》さまは、国々の虫害を鎮《しず》めようとのおつもりから、諸国の神社にお祈りのための使者を送られました他、徳の高いお坊《ぼう》さまたちにありがたいお経を読んでいただいたのでした。そして、その折、朝廷によって行われました虫害対策は、これくらいのものだったのです。

また、そんなとき、国々で田や畑を耕す者たちにできましたのも、近くのお社やお寺の神さまや仏さまにお祈りすることを除きましたら、恐ろしい蝗の群れを遠ざけるおまじないとしまして、「南無神提《なむしんだい》波羅龍王《ばらりゅうおう》」と唱《とな》え続けることだけだったのではないでしょうか。

虫害を蔓延させる朝廷の腐敗

藤原実資《ふじわらのさねすけ》の『小右記《しょうゆうき》』によれば、山城国《やましろのくに》や丹《たん》波国《ばのくに》をはじめとする諸国が大規模な虫害に見舞われたのは、後一条《ごいちじょう》天皇の時代の寛仁《かんにん》元年（一〇一七）の秋のことであった。そして、その折、国々の田畑を喰《く》い荒《あ》らした虫というのは、『小右記』に「蝗虫遍満《こうちゅうへんまん》」という表現が見える如《ごと》く、老尼の言う通りの蝗《いなご》であったらしい。

殺虫剤など存在していなかった王朝時代、蝗の大発生というのは、最も恐ろしい災害の一つであったが、そんな虫害をめぐって、寛仁元年七月二十八日の『小右記』には、「古人《こじん》の云《い》ふやう、『政《まつりごと》を以《もっ》て蝗《いなご》を駆《か》る』と。所謂善政《いわゆるぜんせい》なり。近代《きんだい》は何《なん》の術《すべ》を以《もっ》てか駆《か》り追《お》ふを得《え》んや」と、意味深いことが記されている。

これによれば、王朝時代よりもさらに古い時代の人々は、善政を行うことによって蝗を追い払っていたらしい。だが、実資が「近代」と呼ぶ王朝時代には、蝗の大群を追い払う手段など、何も残されていなかったという。つまり、王朝時代の朝廷には、善政の施行など、全く期待できなかったというのである。

ここで実資が暗に批判する朝廷は、老尼の言う如く、藤原道長《みちなが》によって牛耳《ぎゅうじ》られていた朝廷なのだが、その道長政権下の朝廷においては、政権トップの承認のもと、さまざまな不正が横行していたという。そして、そんな腐敗《ふはい》した朝廷は、大規模な虫害に直面してさえ、ただただ神仏を頼るばかりであり、ついぞ善政を行おうとはしなかったのであった。

とすれば、確かに、蝗の大群に襲われた諸国の農民たちは、ひたすら「南無神提波羅龍王《なむしんだいばらりゅうおう》」と唱《とな》え続けるしかなかったかもしれない。

【稲刈《いねかり》を無事に行いたい】

千《せん》歳《ざい》万《ばん》歳《ざい》神《しん》王《のう》菩《ぼ》薩《さつ》

呪文を唱《とな》える。

私の遠い親類に都の北の郊外で田を耕す者がいたのですけれど、これは、その農家として暮らす親類より聞きました話でございます。

あるとき、その親類の娘たちは、一日だけというお約束で、高階明順《たかしなのあきのぶ》さまのお屋敷に雇《やと》われたのだそうです。明順さまとおっしゃいますのは、一条天皇《いちじょう》さまの皇后《こうごう》さまになられた藤原定子《ふじわらのさだこ》さまのお母さまのご兄弟のお一人でございまして、その頃にはたいへんに栄えていらした方でした。その明順さまは、都のすぐ北側にご立派な造りの別荘をお持ちでございましたが、私の親類の娘たちが臨時の奉公に出ましたのは、その別荘だったのです。

その折、親類の娘たちが明順さまから与えられました仕事は、その日に明順さまがお迎えするお客さまたちの前で脱穀《だっこく》や精米《せいまい》などをして見せることでございました。その明順さまのお客さまたちといいますのは、定子さまにお仕《つか》えする幾人かの女房《にょうぼう》の方々だったそうですが、そのような貴族さまのご家庭でお育ちになったみなさまには、脱穀や精米などのありふれた農作業も、さぞかし珍しいものだったに違いありません。

そうして、親類の娘たちは、貴族さまたちがご覧になる中で脱穀や精米などをすることになったわけですけれども、その娘たちの一人は、精米のために石臼《いしうす》を回していましたとき、定子さまの女房の方のお一人が「あのくるくる回るものは、何かしら」とおっしゃるのを耳にしたのだそうです。皇后さまでいらっしゃる定子さまに女房としてお仕えするほどの方々といいますと、大抵《たいてい》は受領《ずりょう》さまのお嬢さまとしてお育ちになった方々でございまして、そのご実家では「姫君《ひめぎみ》」と呼ばれていらしたはずの方々でございましたから、やはり、石臼のような武骨《ぶこつ》な道具のことは、全くご存じなかったのでございましょう。

けれども、その方とは別の女房の方は、ご同僚のみなさまの前で農作業にもお詳しいふりをなさりたかったのでしょうか、本職の農家の娘たちが脱穀や精米をしながら耳をそばだてていますところで、稲《いね》刈《かり》につきましてのご講義をおはじめになったのでした。しかも、そのどこかの受領さまのお嬢さまは、少しばかり得意そうなお顔をなさって、「簡単そうですから、一度くらいは稲刈というものをしてみたいものですわ」などとおっしゃったというのです。これを聞きました親類の娘たちは、さすがに呆《あき》れ返ったものでございました。

もちろん、「姫君」と呼ばれてお育ちになったような方々には、重労働の稲刈など、とてもとてもお任せできようはずがございません。きっと、鎌《かま》をお持ちいただきましただけでも、危《あぶ》なっかしくて見ていられないはずです。ですから、もしも、稲刈の折に貴族さまのお嬢さまにお手伝いいただけますようなことがあるとしましたら、それは、無事に稲を刈ることができますよう、「千歳万歳《せんざいばんざい》…」と唱《とな》えていただくことぐらいでございましょう。

稲刈をしたがる清少納言

老尼の教えてくれた右の呪文も、やはり、ありがたい名号《みょうごう》の仏に助力を請《こ》うためのものなのだろう。そして、ただ「千歳万歳《せんざいばんざい》…」と唱《とな》えるだけでいいのなら、確かに、老尼の言う如《ごと》く、王朝時代の貴族家の姫君《ひめぎみ》でも、何とか稲刈《いねかり》の手伝いが務まったのかもしれない。

ところで、清少納言《せいしょうなごん》の『枕草子《まくらのそうし》』は、ある一段において、作者が平安京の郊外で目撃した稲刈の様子を叙述するのだが、その一段には、清少納言の「やすげに、せまほしげに見ゆるや」という感想も記されている。すなわち、たまたま稲刈を見物することがあった清少納言は、「簡単そうで、自分でもやってみたいように見えましたことよ」と、ずいぶんと大胆なことを書き残したのである。

また、同じく『枕草子』によれば、皇后藤原《こうごうふじわらの》定子《さだこ》に女房《にょうぼう》として仕《つか》えていた清少納言は、あるとき、同僚の幾人かの女房たちとともに、平安京北郊の高階明順《たかしなのあきのぶ》の別荘を訪ねたことがあったらしい。そして、その折の明順は、清少納言たちを楽しませようと、近所の農家の娘たちを集めて、間近で脱穀《だっこく》や精米《せいまい》といった農作業を行わせたのであった。

とすれば、老尼の親類の娘たちを呆《あき》れさせた口数の多い女房というのは、もしかすると、清少納言だったのかもしれない。

なお、『枕草子』によると、その日の清少納言は、農家の娘たちが「見《み》も知《し》らぬくるべくもの」を扱う様子を眼にしたらしいのだが、清少納言の言う「くるべくもの」とは、「くるくる回るもの」のことであり、たぶん、精米に用いる回転式の石臼《いしうす》のことであろう。

【おいしいお酒を造りたい】

中臣《なかとみ》の　太祝詞《ふとのりとごと》　言《い》ひ祓《いはら》へ
贖《あが》ふ命《いのち》も　誰《た》がために汝《なれ》

呪文を三回唱《とな》える。

摂津国《せっつのくに》のとある村に、たいそうな学識をお持ちのお坊《ぼう》さまがいらっしゃいました。そのお坊さまは、以前は比叡《ひえ》のお山で厳しい修行を積まれていた方でございましたが、どうしたわけでございましょうか、僧正《そうじょう》さまや僧都《そうず》さまにおなりになる道をお捨てになって、お生まれになった村へとお帰りになったのでございました。

そして、それは、その村やその付近の村の人々にとりましては、実に結構なことでした。そのあたりは、ずいぶんな田舎《いなか》でしたから、お寺の一つもございませんで、かつては、遠いところからお坊さまをお招きしなければ、季節の法事や何かの供養《くよう》などを催《もよお》すこともできなかったのでございます。ですから、お里に戻られたそのお坊さまは、さまざまな法事や供養を任されまして、郷里の人々から大切に扱われたといいます。

また、当のお坊さまにとりましても、故郷でのお暮らしは、厳しい決まりごとの多うございます比叡のお山のお暮らしとは違いまして、ずいぶんと楽しいものでございました。何でも、その村でのお暮らしが十分に立ち行くことを見定めましたお坊さまは、いずこかから奥さまをお迎えになり、いつの間にかお子さままでお作りになっていたのだそうです。

これは、仏さまに対しましてたいへんに罪深いことではございますが、あの頃から、田舎でお暮らしになるお坊さまたちの多くは、特に隠し立てするようなこともなさらずに、公然と奥さまやお子さまをお持ちになっているものでございました。

それはともかく、そのお坊さまは、法事や供養に呼ばれますと、いつもいつも、たくさんのお餅《もち》をお持ち帰りになったものでした。それは、本当は、仏さまのために搗《つ》かれましたお布施《ふせ》のお餅でございましたけれど、そのようなお布施は、今と同じように、お坊さまのものになることになっていたのでございます。ですから、お住まいの村やその近隣の村々での仏事をお一人で引き受けていらしたお坊さまのご自宅には、そうしたお布施のお餅が、本当に山のように積まれていたのだそうです。

そこで、ある日のこと、お坊さまの奥さまは、お坊さまと相談なさって、食べきれないほどにたくさんございましたお餅から、お酒をお造りになったのでした。意外に思われるかもしれませんが、お酒といいますのは、お米から造られるものでございますから、お米の塊《かたまり》でございますお餅からでも、十分にお酒を造ることができるものなのでございます。

けれども、そのとき、お坊さまの奥さまは、「中臣《なかとみ》の…」と唱《とな》えることをお忘れだったのでしょう。奥さまがお酒を造るおつもりで壺《つぼ》の中に閉《と》じ込《こ》めました大量のお布施のお餅は、その数日後、お坊さまも仰天《ぎょうてん》なさいましたことに、おいしいお酒になりますどころか、大小の無数の蛇《へび》に変わってしまっていたのでした。

酒造りの呪文になった恋歌

老尼が教えてくれた「中臣《なかとみ》の…」という呪文は、現代語に訳すとすれば、「ありがたい祝詞《のりと》を唱《とな》えることで悪いものを祓《はら》い捨て、神さまから供物《くもつ》と引き換えに長寿を授《さず》かろうとするのは、誰のためでもなく、あなたのためなのだよ」といったところであろう。だが、こんなふうに訳してみると、何やら一首の恋歌のようにも見えてしまう。

そして、この和歌のような姿をした呪文は、実のところ、もともとは本当に一首の和歌として詠《よ》まれた和歌であったらしい。これと全く同じ言葉が、かの大伴家持《おおとものやかもち》の詠んだ和歌として、『万葉集《まんようしゅう》』に載《の》っているのである。

しかし、万葉時代に家持のような著名な歌人によって詠まれた歌が、王朝時代に呪術の呪文として流布《るふ》していた事情については、全く何もわかりそうにない。ましてや、どちらかというと恋歌のような一首が、酒造りに関わる呪術の呪文に転用された事情など、今となっては明らかにできようはずもない。

ところで、説話集の『今昔物語集《こんじゃくものがたりしゅう》』にも、比叡山《えいざん》から摂津国《せっつのくに》の郷里へと帰った僧侶の話が見えるのだが、その話においても、僧侶の妻の酒造りは、大失敗に終わっている。すなわち、酒になるはずだった大量の布施《ふせ》の餅《もち》が、やはり、無数の蛇《へび》になってしまうのである。

そして、その奇妙な出来事は、『今昔物語集』によれば、僧侶が布施を私物化したことに対する仏罰《ぶつばつ》であった。また、本来、僧侶は酒を呑《の》んではいけないはずであったから、右の一件は、僧侶が布施の餅から酒を造ろうとしたことに対する仏罰だったのかもしれない。

【藤原氏略系図】

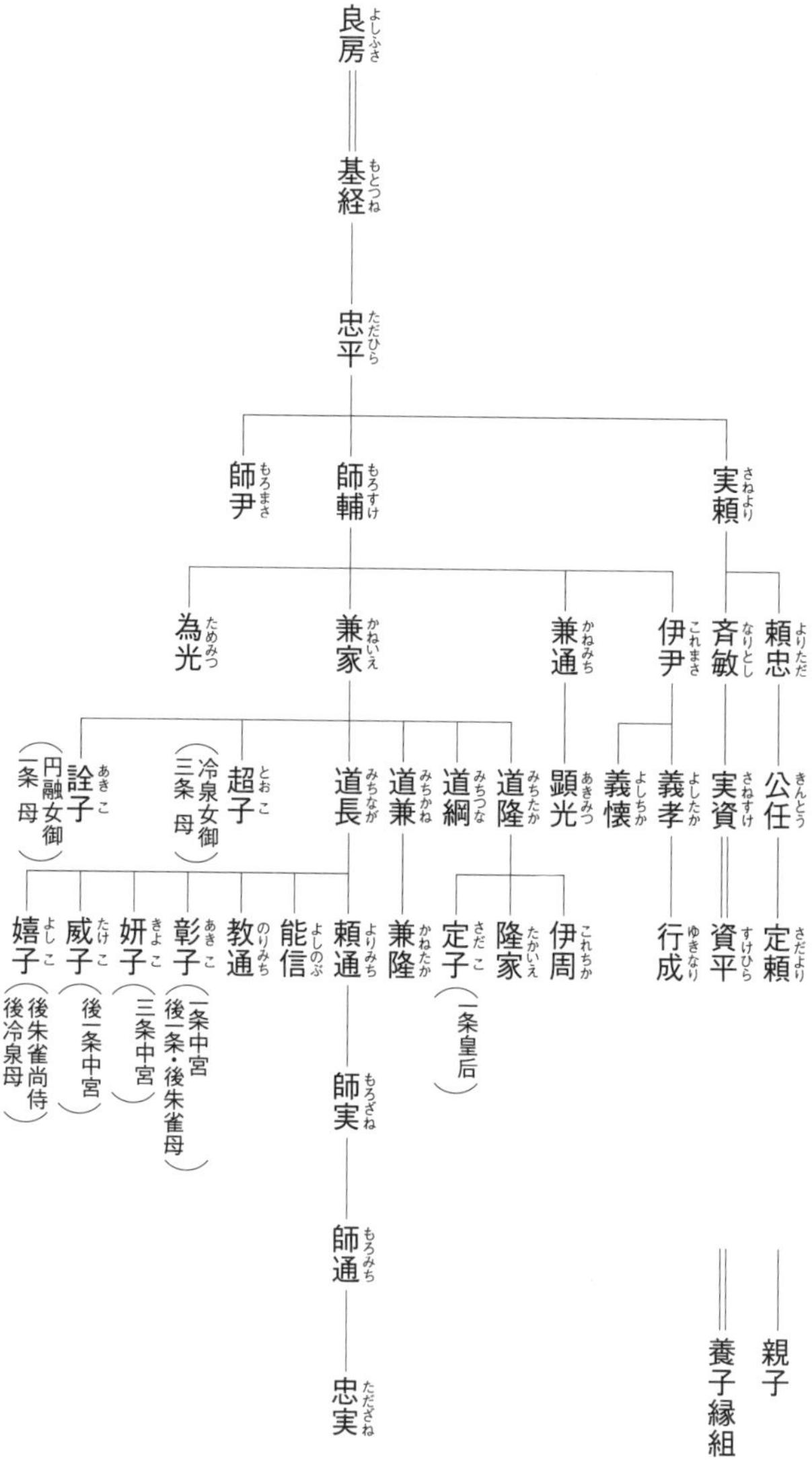

良房《よしふさ》
基経《もとつね》
忠平《ただひら》
実頼《さねより》
師輔《もろすけ》
師尹《もろまさ》
頼忠《よりただ》
斉敏《なりとし》
伊尹《これまさ》
兼通《かねみち》
兼家《かねいえ》
為光《ためみつ》
公任《きんとう》
実資《さねすけ》
義孝《よしたか》
義懐《よしちか》
顕光《あきみつ》
道隆《みちたか》
道綱《みちつな》
道兼《みちかね》
道長《みちなが》
超子《とおこ》
（冷泉女御 三条 母）
詮子《あきこ》
（円融女御 一条 母）
定頼《さだより》
資平《すけひら》
行成《ゆきなり》
伊周《これちか》
隆家《たかいえ》
定子《さだこ》
（一条皇后）
兼隆《かねたか》
頼通《よりみち》
能信《よしのぶ》
教通《のりみち》
彰子《あきこ》
（一条中宮 後一条・後朱雀母）
妍子《きよこ》
（三条中宮）
威子《たけこ》
（後一条中宮）
嫄子《よしこ》
（後朱雀尚侍 後冷泉母）
師実《もろざね》
師通《もろみち》
忠実《ただざね》
親子
養子縁組

第五章

まずは落ち着いて

【犯罪者に立ち向かうなら】

王

◆男性の場合　左手の掌《てのひら》に右の漢字を書く。

◆女性の場合　右手の掌に右の漢字を書く。

これは、最初の子供を産みます以前、まだ夫と二人きりだった頃の話でございます。

ある貴族さまにお仕《つか》えしていました夫は、その日、ご主人さまのお供《とも》で朝早くから遠くに出かけるはずでしたので、その夫の旅の支度《したく》を整えなければなりませんでした私は、まだ空に月が残っているうちに起き出しまして、あれやこれやの用意をしておりました。

ところが、私の夫といいますのは、こういうときにさえ早起きを嫌《いや》がりますような、仕方のない怠《なま》け者《もの》でございました。どこかに遠出をするときには、いつもいつも、その日の旅支度の全てを私一人に押しつけまして、自分だけは大きな鼾《いびき》をかきながら呑気《のんき》に眠りこけていますような、そんな困った夫だったのです。

そして、その日、ついに堪忍袋《かんにんぶくろ》の緒《お》が切れてしまいました私は、それまでの鬱憤《うっぷん》を晴らそうと、夫に少しばかりの悪戯《いたずら》をしたのでございます。そうです、一人で気持ちよさそうに眠っていました夫の傍《かたわ》らに座りまして、両手で夫の身体《からだ》を揺さぶりながら、「盗人《ぬすびと》でございます。盗人でございます」と幾度も囁《ささや》きかけたのです。

すると、たいへんな形相《ぎょうそう》で目を醒《さ》ましました夫は、「盗人め、叩《たた》き斬《き》ってくれるわ」と呟《つぶや》きながら、枕元に置いてありました太刀《たち》を手に取ったのでした。そして、右手の指で左手の掌《てのひら》に「王」という漢字を書きますと、私が指差しました方の壁際に向かいまして、そろりそろりと近づいていったのでした。

けれども、そうして私が盗人がいると教えました壁際に向かいました夫は、五歩か六歩か進みまして太刀を抜きますや、たいへんな勢いで私のいましたところへと戻ってきたのです。そして、ぶるぶると震えながら、「あ、あ、あの盗人の野郎、な、生意気にも、た、た、た、太刀なんか持っていやがる」などと言うのでございます。

全ては私の悪戯だったわけですから、太刀を携《たずさ》えました盗人など、どこにもいるはずはなかったのですけれども、どうやら、根は臆病者でございました私の夫は、壁に映りました自分の影に怯《おび》えていたようなのです。その晩の月はたいへんに明るうございましたから、きっと、粗末なわが家の屋根の隙間《すきま》から入り込みました月の光が、夫の眼の前の壁にでも、太刀を抜いた夫の姿を映し出していたのでございましょう。

ですから、月が沈みまして陽《ひ》が昇りますと、その盗人が跡形《あとかた》もなく消えてしまいますのは、当たり前のことでした。けれども、何も知らない夫は、家の中に盗人の姿がないことを確かめますと、最初こそは少しきょとんとしていましたものの、ついには得意気《とくいげ》に「どうだ、みごとに盗人を追い払ってやったぞ」などと言いはじめたのです。

これに呆《あき》れました私は、その朝、ただただ黙って夫を送り出したものでございました。

天皇の権威の大きさ

犯罪者に立ち向かうときの呪術に用いられる漢字が「王」の一字であったのは、やはり、凶悪犯でさえ国王の権威の前にはひれ伏《ふ》すはずだったからなのだろうか。

しかし、「摂関時代《せっかんじだい》」などとも呼ばれる王朝時代、天皇たちがどのような境遇にあったかは、よく知られていよう。あの時代の天皇たちには、その権威だけで犯罪者を屈伏《くっぷく》させることなど、まず不可能だったに違いない。

それにもかかわらず、老尼《ろうに》の話からすれば、王朝時代においても、少なくとも庶民層の人々は、天皇の権威に頼るかのような呪術を用いていたらしいのである。とすれば、われわれ現代人の眼にはすっかり失墜《しっつい》していたかに見える王朝時代の天皇の権威も、あの時代の庶民たちに対してならば、まだまだ大きさを保ち得ていたということなのかもしれない。

ところで、老尼の夫というのは、何とも頼りない人物だったようだが、妻の前で自分の影に怯《おび》えるという醜態《しゅうたい》を晒《さら》してしまった気の毒な夫は、老尼の夫だけではなかったらしい。

これは、ある受領《ずりょう》の郎等《ろうとう》について『今昔物語集《こんじゃくものがたりしゅう》』の伝えるところなのだが、日頃からいかにも凄腕《すごうで》の武者《むしゃ》であるかのように振る舞っていた件《くだん》の郎等は、ある明け方、自分の影を盗人《ぬすびと》と見間違えた妻に起こされると、一度は「そいつの雁首《がんくび》を打ち落としてやる」と言い放って勇ましく太刀《たち》を抜いたものの、妻と同様に自分の影を盗人と見間違え、その盗人が太刀を持っていると思い込むや、すっかり怖気《おじけ》づいてしまい、盗人退治を妻に押しつけて、寝たふりを決め込もうとしたのであった。

【悪い人と交渉するなら】その一

命

◆男性の場合　左手の掌《てのひら》に右の漢字を書く。
◆女性の場合　右手の掌に右の漢字を書く。

伊賀守《いがのかみ》をお務めになった藤原顕長《ふじわらのあきなが》さまには、左手の親指がございませんでした。けれども、それは、お生まれになったときからのことではございません。孝行息子の鏡のような方でいらした顕長さまは、そのお母さまをお守りするため、ご自身のお生命《いのち》を差し出されたことがございまして、その折に左手に大きな傷を負ってしまわれたのです。

顕長さまのお母上は、橘　隆子《たちばなのたかこ》さまとおっしゃいまして、一条《いちじょう》天皇さまの時代には、宮中《きゅうちゅう》で天皇さまにお仕《つか》えする女房《にょうぼう》の方々のお一人でいらっしゃいました。そして、一条天皇さまがお亡《な》くなりになる少し前に宮中のお勤めをお辞めになっていた隆子さまは、一条天皇さまのご子息の後一条《ごいちじょう》天皇さまの時代には、備中守《びっちゅうのかみ》でいらした源　行任《みなもとのゆきとう》さまの北《きた》の方《かた》さまとして、静かに普通にお暮らしになっていたのでございます。

けれども、そんな隆子さまが、ある日のこと、ご自宅に立《た》て籠《こも》った強盗《ごうとう》に人質《ひとじち》にされるという、たいへんな経験をなさったのでした。

その日、隆子さまのお屋敷に押《お》し入《い》りました強盗は、本来、隆子さまのお屋敷で罪を犯すつもりなど、全くなかったのかもしれません。その強盗は、どこか他のお屋敷での犯行に失敗しまして、そのために検非違使《けびいし》さまたちに追われることになってしまい、そうした事情からたまたま隆子さまのお屋敷に逃げ込んだだけだったようなのです。ですから、もしも、その強盗を追跡なさっていました検非違使さまたちが、隆子さまのお屋敷を大勢で取り囲みますようなことをなさいませんでしたら、件《くだん》の強盗は、隆子さまのお屋敷からも、すぐにも立ち去っていたのかもしれません。

けれども、現に検非違使さまたちに包囲されてしまいました強盗には、人質を取って隆子さまのお屋敷に立て籠る以外、その場を切り抜ける方法がなかったのでございましょう。そして、その折、ご幸運に見離されて人質にされてしまいましたのが、そのお屋敷の北の方さまでいらっしゃる隆子さまだったのでございます。

このことをお聞きになった顕長さまは、無意味にうろたえるようなことをなさる代わりに、すぐにもお母さまを救出するための行動を起こされたのでした。そうでございます、掌《てのひら》に「命」という漢字を書くおまじないをなさると、件の強盗に対しまして、顕長さまご自身の身柄と隆子さまの身柄とを交換するよう、強くご要求なさったのです。そして、みごとに隆子さまをお助けしたのでした。

ただ、そうして自ら強盗に身柄をお預けになった顕長さまは、その後、ご運がなかったのでございましょうか、検非違使さまたちが強盗を射殺《いころ》すつもりで放ちました矢に当たってしまわれまして、左手の親指をなくされることになったのでございます。

「射たる矢は雨の如し」

橘《たちばなのたか》隆子《こ》の邸宅に押《お》し入《い》った強盗《ごうとう》が隆子を人《ひと》質《じち》に取って立《た》て籠《こも》ったのは、藤原実資《ふじわらのさねすけ》の『小右《しょうゆう》記《き》』によれば、万寿《まんじゅ》元年（一〇二四）の三月十日のことであった。すなわち、老尼の話してくれた立て籠り事件は、王朝時代に間違いなく起きていた事件なのである。しかも、『小右記』に見る限り、隆子の息子の藤原顕長《あきなが》が自ら望んで隆子の身代わりになったというのも、老尼の話す通りであった。

また、『小右記』によれば、顕長が左手の親指を失ったのは、人質として強盗の無理な逃走に付き合わされたためであったらしい。

その日、夜を待って騎馬《きば》での逃走を計った強盗は、当然のことながら、人質の顕長を馬に同乗させていた。が、そうして人質を連れていたことには全く意味がなかったらしく、強行突破を試みた強盗は、あっさりと検非違使《けびいし》に射殺《いころ》されてしまう。『小右記』に「此《こ》の間《かん》、射《い》たる矢《や》は雨《あめ》の如《ごと》し」「雨《あめ》の如《ごと》く射《い》る間《あいだ》」と見えるように、隆子の邸宅を包囲していた検非違使たちは、馬を駆《か》る強盗の姿を眼にするや、矢の雨を降らせたようなのである。そして、全部で六本もの矢に身体《からだ》を射抜《いぬ》かれた強盗は、あっけなく即死したのであった。

当然、顕長の左手の親指を射切《いき》ったのは、この「雨の如し」と言われる無数の矢の一つだったわけだが、状況を考えるならば、左手を負傷するだけで済《す》んだことは、顕長にとって、本当に幸運なことだったのかもしれない。この折の検非違使たちは、人質になっていた顕長の身の安全など、全く考慮していなかったようなのである。

【悪い人と交渉するなら】その二

大

◆男性の場合　左手の掌《てのひら》に右の漢字を書く。
◆女性の場合　右手の掌に右の漢字を書く。

掌《てのひら》に漢字を書くおまじないをしますとき、男性のみなさんは、左手の掌に漢字を書かなければなりません。また、女性のみなさんは、少し不自由かもしれませんけれども、右手の掌に漢字を書かなければなりません。男性と女性との関係が左と右との関係になりますのは、男女が並んで座ります場合と同じなのでございます。

そういえば、今のみなさんの間には、毎年の三月三日に雛人形《ひなにんぎょう》を飾る習慣がございますけれど、何でも、そのとき、お内裏《だいり》さまのお人形とお雛《ひな》さまのお人形とをどのように並べますかが、東日本と西日本とで違っているのだそうでございますね。けれども、このことなど、私には、本当に不思議でならないのです。

お内裏さまとお雛さまとは、要するに、天皇さまと皇后《こうごう》さまとなのでございましょう。ですから、このお人形さんたちは、夫婦の関係にあるわけですけれど、それでしたら、やはり、お内裏さまがお雛さまの左側にいることになるのではないでしょうか。つまり、お雛さまがお内裏さまの右側にいるということでございます。

そして、このように言い切りますのは、あの頃でしたら、夫婦が人々の前で横に並んで座りますときには、夫が妻の左側に座って妻が夫の右側に座りますのが、当たり前のことだったからに他なりません。昔の人々の間では、男と女との関係は、いつでも、左と右との関係だったのです。しかも、これは、神さまたちにも通じることでございました。

あの頃、貴族さまたちのお屋敷には、大抵《たいてい》、竈神《かまどがみ》さまという神さまが祀《まつ》られているものでございましたけれど、家々の竈神さまたちは、それぞれに夫婦の神さまでいらっしゃいました。つまりは、あの頃の貴族さまのお屋敷では、夫の竈神さまと妻の竈神さまとが、一緒に祀られているものだったということでございます。

そして、どちらのお屋敷の竈神さまの祠《ほこら》も、必ず南側が正面になるように作られているものでございましたが、それに加えまして、どのお屋敷でも、夫の竈神さまの祠は、妻の竈神さまの祠の東側に作られているものだったのです。これは、妻の竈神さまの祠が夫の竈神さまの祠の西側に作られていたといいますのと、全く同じことでございます。

少し話が込み入ってしまいましたけれど、おわかりでしょうか。ともにいつも南をお向きになっていた夫婦の竈神さまたちですが、夫の竈神さまは常に妻の竈神さまの東側に鎮《しず》まっていらして、妻の竈神さまは常に夫の竈神さまの西側に鎮まっていらしたのです。これは、夫の竈神さまが妻の竈神さまの左側にいらして妻の竈神さまが夫の竈神さまの右側にいらしたというのと、同じことでございましょう。

こんなふうに、あの頃の男性と女性との関係は、左と右との関係だったのでございます。

山に棄てられる竈神

王朝貴族の間では、それぞれの家の主人や主婦が死んだとき、その死者に対応する竈神《かまどがみ》が山に棄《す》てられることになっていた。つまり、王朝時代には、どこかの貴族家の主人が死んだ場合、その家の夫の竈神が近隣の山へと運び出されたのであり、また、いずこかの貴族家の主婦が死んだ場合には、その家の妻の竈神が山奥に置き去りにされたのである。

平信範《たいらののぶのり》というのは、既に平清盛《たいらのきよもり》が天下を動かすようになっていた時代の貴族男性であるが、その信範の日記である『兵範記《ひょうはんき》』には、嘉応《かおう》二年（一一七〇）に信範の妻が他界した折の竈神の廃棄のことが、次のように記されている。

「竈神一社《かまどがみいっしゃ》、取《と》り別《わ》きて山路《やまじ》に棄《す》て置《お》き了《おお》はんぬ。……。中古《ちゅうこ》の例《れい》に云《い》はく、『竈神両社《かまどがみりょうしゃ》の中《うち》、左方《ひだりかた》を以《もっ》て女房《にょうぼう》と為《な》すと云々《うんぬん》』と」。

ここに「中古の例」が取り沙汰《とざた》されていることからすれば、死者に応じた竈神を山に棄てるという慣行は、少なくとも王朝時代にはさかのぼり得るほどに古いものであった。清盛の時代の人々が「中古」と呼んだ時代は、われわれ現代人が「中古」と呼ぶ王朝時代よりも、さらに古い時代だったかもしれない。

また、右の『兵範記』によると、妻の竈神（女房）と見做《みな》されたのは、「左方」の竈神だったようだが、ここに言う「左方」とは、竈神を拝む人々から見た向かって左のことであろう。そして、常に南を向いている竈神を拝む人々は、必ず北を向かねばならなかったわけだから、そうして北を向いた人々にとっての「向かって左」の竈神は、やはり、西側の祠《ほこら》に祀られる竈神だったはずなのである。

【不幸のあった家族を訪ねるなら】

罔

◆男性の場合　左手の掌《てのひら》に右の漢字を書く。
◆女性の場合　右手の掌に右の漢字を書く。

一条《いちじょう》天皇さまの時代、貴族さまのみなさまは、天皇さまのことをたいへんに慕《した》っておいででした。一条天皇さまとおっしゃる天皇さまは、高い学識をお持ちの賢明な方でございましたし、笛《ふえ》のお上手な風流な方でもございました。そのうえ、しばしばご冗談をおっしゃってお仕《つか》えする女房《にょうぼう》の方々を笑わせなさるという気さくな方でもいらしたのだそうです。

そんな一条天皇さまがお亡《な》くなりになりましたのは、寛弘《かんこう》八年の六月のことでございました。確か、従兄弟《いとこ》の間柄でいらした三条《さんじょう》天皇さまに天皇さまの位をお譲りになりまして間もなくのことだったかと存じます。

そして、その折のことでございます、それ以前からご病気でいらした一条天皇さまがいよいよというご様子をお見せになりましたとき、多くの貴族さまたちが天皇さまの臥《ふ》せっていらっしゃる内裏《だいり》の清涼《せいりょう》殿《でん》にお集まりになったのでした。みなさま、どうしても敬愛する天皇さまのお最期《さいご》を看取《みと》って差し上げたかったのでございましょう。

けれども、みなさまの思いがかなえられることはございませんでした。お慕いする一条天皇さまの崩《ほう》御《ぎょ》に立ち会おうとされたみなさまは、清涼殿の天皇さまのご寝室に近いお部屋に控えていらしたのですが、天皇さまが本当にいよいよとなりましたとき、清涼殿から立《た》ち退《の》かされてしまったのです。そして、一条天皇さまをお慕いするみなさまに天皇さまのご臨終の場からの立ち退きをお命じになったのは、その頃、朝廷の万事を取り仕切っていらした藤原道長《ふじわらのみちなが》さまでございました。

ただ、このとき、道長さまにしましても、けっしてみなさまに意地悪をなさったわけではございません。三条天皇さまをお助けして朝廷を切り盛りしていらした道長さまは、大勢の貴族さまたちが死の穢《けが》れに触れてしまわれるようなことを、何とかして未然に防ごうとなさっただけだったのです。

あの頃には、遺体の横たわる建物に上がって腰を下ろしたりしますと、それだけで死の穢れに触れてしまうなどと考えられていたものでしたが、死の穢れに触れた人の身には、何か悪いことが起こりかねないとも考えられていたものでした。ですから、貴族さまのみなさまも、心からお慕いしていた一条天皇さま以外のどなたかのためにでしたら、死の穢れに触れてまでそのお最期を看取ろうなどとは、全くお考えにならなかったことでしょう。あの頃の人々は、死の穢れというものを、本当に恐れていたのでございます。

そして、不幸のありました家族を訪ねます折のおまじないは、そんな死の穢れから身を守るためのものでした。あの頃の人々は、訪問先に残っているかもしれない死の穢れを身に寄せつけないようにと、掌《てのひら》に「岡」という漢字を書くおまじないをしたのでございます。

死の穢れ

一条《いちじょう》天皇が享年《きょうねん》三十二にして崩《ほう》じたのは、寛《かん》弘《こう》八年（一〇一一）六月二十二日のことであったが、藤原行成《ふじわらのゆきなり》の日記である『権記《ごんき》』によれば、一条天皇がいよいよとなったときの世間の反応は、「涙《なみだ》を流《なが》さざるは莫《な》し」というものであったらしい。すなわち、天下に一条天皇の死を悲しまないものはいなかったというのである。

これより十一年前の長保《ちょうほ》二年（一〇〇〇）六月の『権記』には、一条天皇を絶賛する「寛仁《かんにん》の君」「好文《こうぶん》の賢皇《けんこう》」といった言葉が見えるが、当時、一条天皇を深く敬慕《けいぼ》していたのは、何も行成だけではなかった。藤原実資《さねすけ》の『小右記《しょうゆうき》』によると、一条天皇の葬儀が終わってしばらくの間、天皇の遺骨が置かれた円成寺《えんじょうじ》には、幾人もの公卿《くぎょう》や殿上人《てんじょうびと》が連日のように参詣《さんけい》していたらしいのである。やはり、老尼の言うように、当時の貴族層の人々の多くは、好意を持って一条天皇に仕《つか》えていたのであろう。

それだけに、その一条天皇が世を去ろうとしたとき、多くの人々が天皇の臨終に立ち会うことを望んだのであったが、それを藤原道長が制止したというのも、『権記』に見る限り、まさに老尼の話してくれた通りであった。

そして、このとき、人々が道長の指示に従ったのは、『権記』の記述からすれば、やはり、死の穢《けが》れのことがあったためであったらしい。当時の人々は、それほどまでに死の穢れというものに振り回されていたのである。

なお、その死の穢れを遠ざけようとする呪術に「罔」という漢字が用いられた背景には、高いところには死の穢れも及ばないという観念があったのかもしれない。

【病人と会うなら】

鬼

◆男性の場合　左手の掌《てのひら》に右の漢字を書く。
◆女性の場合　右手の掌に右の漢字を書く。

あの頃の人々は、病気で臥《ふ》せっている友人や知人のもとにお見舞いに行きますときにも、必ず掌《てのひら》に「鬼」という漢字を書くおまじないをしたものでございました。それは、そうしておきませんと、自分までが病人になってしまうかもしれなかったからでございます。

ただ、大昔の人々が「鬼」の字のおまじないによって遮《さえぎ》ろうとしましたのは、細菌ですとかウイルスですとかいったものではございません。あの頃には、細菌のことも、ウイルスのことも、まだまだ全く知られていませんでしたから。

今のみなさんでしたら、さまざまな疫病《えきびょう》の原因が細菌やウイルスにあるなどという難しいことも、ずいぶんと小さい頃に教わるのでしょうけれど、あの頃の人々が疫病の原因と考えていましたのは、「疫鬼《えきき》」と呼ばれます性質《たち》の悪い鬼でございました。その疫鬼たちが大勢で村や町や都に押しかけて人々の間に疫病を流行させる――昔の人々の考えていました疫病の流行は、そんな感じのものだったのです。

もちろん、このような考えを持っていましたのは、私のような身分の低い者ばかりではございません。あの頃には、天皇さまや貴族さまたちでも、たくさんの疫鬼たちが国中に疫病を流行させるものと考えておいでだったのです。だからこそ、昔の朝廷は、「追儺《ついな》」と呼ばれます大がかりなおまじないを行っていたのでございましょう。

朝廷が追儺を行いましたのは、毎年の大晦日《おおみそか》の夜のことでしたけれど、それは、この国から疫鬼たちを追い払うためのおまじないだったのです。この宮中のおまじないでは、朝廷にお仕《つか》えするたくさんの人々が、桃《もも》の木の弓《ゆみ》で葦《あし》の矢《や》を放ったり桃の木の杖《つえ》を振り回したりして、日本の国のそこかしこに隠れ住んでおります数多《あまた》の疫鬼たちを、東西南北の国境の外へと追い出したのでございます。

また、その疫鬼という鬼でございますが、あの頃の人々の考えましたところでは、手に手に木でできました槌《つち》を持っているものでございました。疫鬼といいますのは、木槌《きづち》を持った鬼だったのでございます。そして、この疫鬼の木槌には、人々を疫病に罹《かか》らせる力があるとされていました。つまり、あの頃には、疫鬼の木槌で殴《なぐ》られた人々が疫病に罹ると考えられていたのです。

そうしますと、掌《てのひら》に「鬼」という漢字を書きますおまじないは、別の鬼の力を借りて疫鬼を近寄らせないようにするものだったのかもしれません。あの頃の人々にとりましては、疫鬼に近づかれないようにしますことこそが、ただ一つの疫病予防だったわけですから。昔の人々の考えからしますと、疫鬼を手の届くところに近寄らせさえしませんでしたら、疫病には罹らずに済《す》むはずでございましょう。

疫病を広める鬼たち

『善家異記《ぜんけいき》』というのは、王朝時代に学者として活躍した三善清行《みよしのきよゆき》によって編纂《へんさん》された奇談怪《きだんかい》談集《だんしゅう》であるが、その『善家異記』には、疫鬼《えきき》をめぐる次のような話も収められている。

備中国《びっちゅうのくに》に疫病《えきびょう》が蔓延《まんえん》していた折、同国に備《びっ》中介《ちゅうのすけ》として赴任《ふにん》した清行の前に、鬼を見ることができるという修行者が現れたらしい。そして、この修行者の眼には、確かに疫鬼たちの姿が見えていたのだという。

その不思議な修行者は、清行と初めて面会したとき、「手に槌《つち》を握った一匹の鬼が、備中介さまにお仕《つか》えする少年の頭を殴《なぐ》っています」と告げたというが、折しも、清行が従者として都から同行させていた少年は、疫病のために床《とこ》に臥《ふ》しているところであった。そう、その少年は、普通の人々が見たのでは、ただ単に疫病に苦しんでいるだけであったものの、特別な眼を持つ修行者が見るならば、疫鬼に槌で頭を殴られているところだったのである。

この話に登場する疫鬼の姿は、老尼の話に出てきた疫鬼の姿と、全く異なるところがない。手に握った槌で人々の頭を殴って疫病を広める鬼――そんな疫鬼のイメージは、おそらく、王朝時代のこの国に広く流布《るふ》していたものだったのだろう。

ただ、王朝時代の人々が病人と会うに際して掌《てのひら》に「鬼」という漢字を書く呪術を用いたのは、必ずしも疫鬼を恐れてのことではなかったかもしれない。老尼の話しぶりからすれば、当時の日本人は、どうやら、明らかに疫病ではない病気で臥せる病人を見舞う折にも、「鬼」の字の呪術を行っていたようなのである。

【山野を通るなら】

龍

◆男性の場合　左手の掌《てのひら》に右の漢字を書く。
◆女性の場合　右手の掌に右の漢字を書く。

あの頃の人々が山や野を通りますときに掌《てのひら》に「龍」という漢字を書くおまじないをしましたのは、あの頃の山や野がたいへんに危険なところだったからでございます。

今のみなさんには、想像もつかないことかもしれません。あの頃には、私などが暮らしておりました都も、毎晩のようにどこかで強盗殺人事件や強盗放火事件が起きますような、ずいぶんと物騒《ぶっそう》なところでございましたけれど、それでも、都の外に比べますと、都の中といいますのは、はるかにはるかに安全なところだったのです。そして、都を離れました地方の国々の山や野は、それほどまでに危険なところでございました。

源《みなもと》光清《のみつきよ》さまとおっしゃる方は、伊賀守《いがのかみ》をお務めになった受領《ずりょう》さまでいらっしゃいましたが、あるとき、ご任期の途中で伊賀守を罷免《ひめん》されましたうえに、罪人《つみびと》としまして都をはるかに離れました伊豆国《いずのくに》へと流されてしまわれたのでした。詳しいことは存じませんが、きっと、何かよほど大きな罪を犯されたのでございましょう。

そして、これだけでも十分にお気の毒な光清さまですけれども、その折に光清さまを見舞いました災難は、これだけではございませんでした。伊豆国への長い旅に出られた光清さまは、その旅路《たびじ》におきましても、さんざんな目に遭《あ》われたのです。

伊賀国から一度は都に喚《よ》び戻されましたうえで伊豆国に流されることになりました光清さまは、護送役の検非違使《けびいし》さまにともなわれて伊豆国へと向かわれました。そして、その途中、近江国《おうみのくに》をお通りになったのですが、何と、その近江国の焼山《やきやま》を越えようとなさったとき、盗賊《とうぞく》の一味に襲われまして、身ぐるみを剥《は》がれてしまったというではありませんか。

このとき、光清さまの前後には、護送役の検非違使さまや検非違使さまの従者の方々が、それなりの備えをしていらっしゃったはずでした。けれども、近江国焼山の盗賊たちは、そんな光清さまのご一行を、平然と襲撃したというのです。そして、そんな大胆な盗賊たちに襲われましたご一行は、光清さまだけではなく、検非違使さまやその従者の方々までもが、みごとに身ぐるみを剥がれてしまったのでございます。

さらに、この光清さまのご一行は、どうにか伊豆国のお隣の駿河国《するがのくに》にたどり着きましてからも、たいへんな狼藉《ろうぜき》を受けたのでした。

これには、私も本当に驚きましたけれども、その折には、よりにもよりまして、光清さまを護送していらした検非違使さまが、狼藉者《ろうぜきもの》によって射殺《いころ》されてしまわれたらしいのです。そして、これは、私などの耳にも入りますほどの大事件だったのでございます。

その後、光清さまは何とか伊豆国へと到着されたそうですけれども、それでも、あの頃の山野がどれほど危険でございましたかは、もう十分におわかりいただけましたでしょう。

山野の盗賊たち

伊賀守《いがのかみ》　源　光清《みなもとのみつきよ》が伊豆国《いずのくに》への流罪《るざい》に処《しょ》されたのは、どうやら、殺人事件を起こしたためであったらしい。『日本紀略《にほんきりゃく》』という歴史書によれば、光清が殺人犯として伊豆国に流されることが決まったのは、長元《ちょうげん》三年（一〇三〇）の十二月二十九日であった。

　そして、そうして都を追われることになった光清が近江国《おうみのくに》で盗賊に襲われたという話は、老尼だけではなく、藤原実資《ふじわらのさねすけ》もまた、誰かから伝え聞いていたらしい。長元四年正月十三日の『小右記《しょうゆうき》』に、その一件が記されているのである。ただし、同日の『小右記』は、それがデマである可能性にも言及しているから、老尼の話を鵜呑《うの》みにするわけにもいかない。

　しかし、光清を護送していた検非違使《けびいし》が駿河《するがの》国《くに》で射殺《いころ》された件については、これを確かな史実と認めるべきだろう。実資の『小右記』にも、この件に関しての明確な記録が残されているのである。

　ただ、この一件で生命《いのち》を落とした検非違使は、どうやら、護送任務の途中で盗賊に襲われて殉《じゅん》職《しょく》したというのではなく、むしろ、自らが強盗まがいの狼藉《ろうぜき》を働いた結果として返《かえ》り討《う》ちに遭《あ》ったのであったらしい。

　『小右記』によれば、件《くだん》の検非違使を殺害したのは、甲斐国《かいのくに》から都へと税《ぜい》を運ぼうとする人々であったが、そんな彼らが検非違使に向けて矢を放《はな》つようなことをしたのは、その検非違使に運送中の税を掠奪《りゃくだつ》されそうになったためだったようなのである。とすると、この検非違使の場合、彼自身が山野に潜《ひそ》む危険の一つだったことになるのだろう。

【河海《かかい》を渡るなら】

土

◆男性の場合　左手の掌《てのひら》に右の漢字を書く。
◆女性の場合　右手の掌に右の漢字を書く。

今のみなさんは、船で河や海を渡りますことなど、ほとんどないようですけれども、あの頃には、河や海を渡ります船こそが、最も便利な交通手段でございました。ですから、あの頃の人々にとりましては、河や海を渡らなければなりません旅よりも、途中に河も海もございません土地への旅の方が、ずっと難儀《なんぎ》なものだったのです。あの頃の陸の旅は、馬や牛を頼るしかありませんでしたけれど、どこか遠いところへの旅となりますと、馬や牛で陸路《りくろ》を行きますよりも、船で水路《すいろ》を行きます方が、はるかに早く目的地に着くことができましたうえに、はるかにたくさんの荷物を運ぶこともできたのでございます。ただ、それでも、河や海を渡りますことには、たいへんな危険がともなうものでございました。しかも、それは、どんなに短い距離の船旅につきましても、十分に注意しなければなりませんような危険だったのです。

いつのことでございましたか、都に近いところでも、淀川《よどがわ》を渡ります船が沈みまして、一度に三十人ばかりが溺《おぼ》れ死《し》んだことがございました。

その折に沈みました船は、山崎《やまざき》からその対岸の石清水八幡宮《いわしみずはちまんぐう》へと渡るためのものでしたから、その船での船旅は、本当にただ淀川を横切りますだけの、ずいぶんと安全なはずのものでした。そして、そんな安全なはずの船旅で事故が起きましたのは、沈みました船に何か問題があったためではございません。それは、どんな船旅にも付きまといますはずの危険を全く顧《かえり》みようとしない愚か者《おろかもの》が、あまりにも数多くいたためだったのです。

その日、山崎の岸辺には、いつにもまして多くの人々が淀川を渡る船を待って集まっていたといいます。けれども、山崎と石清水との間を往復します船の数は、いつもと変わるわけではございませんでした。ですから、その日の山崎では、ずいぶん待ちませんことには、対岸の石清水八幡宮に渡ることができなかったようなのです。

ところが、ある一艘《そう》の船が石清水から戻りまして山崎の岸に船縁《ふなべり》を着けましたとき、おとなしく船に乗る順番を待っていることもできませんような、本当に性質《たち》の悪い者どもが、順番も何も無視しまして、大勢で一度に船に詰《つ》めかけたのでございます。そして、その船は、あっという間に、今にも沈みそうなほどの満員になってしまったのでした。

もちろん、そんなことになってしまいました船は、そのままでは出航などできるわけもございません。けれども、その船に自ら鮨詰《すしづ》めになっていました連中は、船頭《せんどう》が幾《いく》ら言って聞かせましても、おとなしく船を降りたりなどするはずがありませんでした。

結局、その船の船頭は、仕方なしに恐る恐る船を出したのですけれども、そんな船が途中で沈んでしまいますのは、あまりにもわかりきったことだったのでございます。

淀川の惨劇

藤原実資《ふじわらのさねすけ》の『小右記《しょうゆうき》』は、寛仁《かんにん》元年（一〇一七）九月二十二日の夕方、山崎《やまざき》を出て淀川《よどがわ》を渡ろうとしていた船が沈んで大勢の溺死者《できししゃ》が出たことを記録している。その水難事故は、実資の伝えるところ、あまりにも多くの人や物を乗せた船が河の途中で転覆《てんぷく》したというものだったようだが、もしかすると、これこそが老尼の話にあった淀川の事故なのかもしれない。

そして、もしこの推測が正しいとすれば、この事故の遠因は、藤原道長《みちなが》の石清水詣《いわしみずもうで》にあったことになるだろう。

その日に道長が石清水八幡宮《いわしみずはちまんぐう》に参詣《さんけい》したというのは、『小右記』にも明らかなところであるが、『小右記』を見る限り、その道長の石清水詣には、道長に媚《こび》を売ろうとする大勢の貴族たちが、さらに大勢の従者たちを連れて同道していたようなのである。それゆえ、その日、老尼の言うように、山崎の岸辺に普段よりも多くの人や物が集まっていたとすれば、それは、やはり、道長が石清水八幡宮に向かったためだったのではないだろうか。

なお、歴史書の『日本紀略《にほんきりゃく》』にも、寛仁元年九月二十二日の水難事故についての「淀川《よどがわ》を渡《わた》るの間《あいだ》、平駄船《ひらだぶね》一艘《いっそう》を沈《しず》む。乗《の》れる人《ひと》は卌《しじゅう》余人《よにん》にして存命《ぞんめい》の者《もの》は十余人《じゅうよにん》なり」という記録が残されているが、これによれば、件《くだん》の事故の犠牲者の数は、老尼の話してくれた事故の犠牲者の数と同じく、三十人ほどだったことになる。

また、『小右記』によれば、その犠牲者たちのうちには、和泉守《いずみのかみ》藤原朝元《とももと》の従者たちが少なからず含まれていたらしい。

【飲んだり食べたりするなら】

命

◆男性の場合　左手の掌《てのひら》に右の漢字を書く。
◆女性の場合　右手の掌に右の漢字を書く。

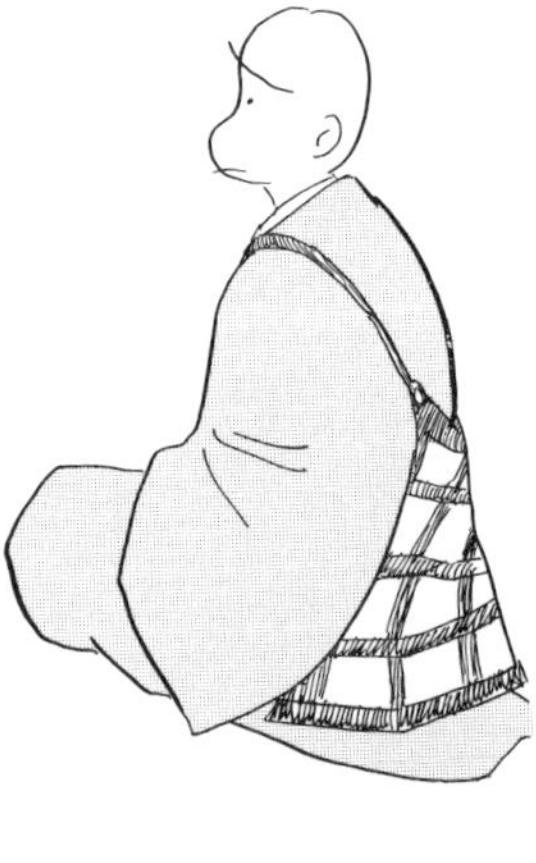

その一件がございました折の金峰山《きんぶせん》の別当《べっとう》さまは、ずいぶんなお年の方でございました。金峰山といいますのは、あの頃の人々が「金《きん》の御嶽《みたけ》」とも呼んで常々より敬っておりました大和国吉野《やまとのくによしの》の金峰山でして、その金峰山の別当さまといいますのは、金峰山で修行なさる大勢のお坊《ぼう》さまたちをおまとめになる金峰山の長《おさ》さまでしたけれど、この話に登場します別当さまは、とうに八十歳を超えていらっしゃった宿老《しゅくろう》のお坊さまだったのです。

それでも、その別当さまは、そのお年からしますと、全く信じられないほどにお元気な方でございました。眼も耳もしっかりしておいでだったらしく、別当さまのお役目を果たされるうえでは、何の不自由もなさっていなかったというのでございます。

ところが、そうしてお元気なままで長生きをなさっていた別当さまは、あるとき、その羨《うらや》ましいばかりのご長寿のゆえに、お仲間のお坊さまからお生命《いのち》を狙われることになったのでした。そうです、別当さまの次にお偉い立場にいらしたお坊さまが、一刻も早く次の別当さまになりたいとお望みになって、今の別当さまを亡《な》き者《もの》にしようとなさったのです。

そして、そのお坊さまのご計略は、平茸《ひらたけ》をごちそうするふりをしまして、別当さまに毒茸《どくきのこ》の和太利茸《わたりだけ》を食べさせるというものでございましたが、このよろしくない企《たくら》みは、確かに実行されたのでした。かの邪《よこしま》なお心のお坊さまは、こっそりと入手された和太利茸で見るからにおいしそうな炒《いた》め物《もの》をお作りになって、それを別当さまに振《ふ》る舞《ま》われたのでございます。そして、茸《きのこ》がお好きでいらした別当さまは、差し出されました和太利茸の炒め物を、さもおいしそうに召《め》し上《あ》がったのでございました。

けれども、これでお亡くなりになるはずでした別当さまは、本当においしそうに和太利茸を召し上がるばかりで、いつまで経ちましても、お苦しみになるご様子さえお見せになりませんでした。そして、ついには、そこにありました和太利茸の炒め物を全て食べ尽くしてしまわれましたが、ただただ満足そうなお顔をなさっておいでだったというのです。

しかも、悪だくみをなさったお坊さまも心から驚かれましたことに、和太利茸を平らげました別当さまは、にっこりと微笑《ほほえ》まれながら、「こんなにおいしい和太利茸を食べたのは、本当に初めてのことだ」とおっしゃったというのでございます。何と、この別当さまは、ご自分が生命を狙われておいでであることを、すっかりご存じだったのです。そして、黙って毒茸を召し上がることで、お仲間の不心得《ふこころえ》を静かに諭《さと》されたのでございました。

それにしましても、このとき、別当さまがご無事でいらしたのは、本当に不思議なことでございます。ことによりますと、この別当さまは、和太利茸を召し上がる前、こっそりと掌《てのひら》に「命」という漢字を書くおまじないをなさっていたのでございましょうか。

毒茸を好んで食べる高僧

金峰山《きんぷせん》において別当《べっとう》の生命《いのち》を狙う毒殺未遂事件が起きたということは、かの『今昔物語集《こんじゃくものがたりしゅう》』によっても伝えられているのだが、その『今昔物語集』に見える事件の犯行の手口も、平茸《ひらたけ》に見せかけて和太利茸《わたりだけ》を食べさせるというものであった。もしかすると、老尼の話してくれた一件は、『今昔物語集』の一話となった事件と同じものなのかもしれない。

ただし、『今昔物語集』の語るところは、老尼が語ってくれたような美談ではない。

老尼の理解では、素知《そし》らぬ顔で毒茸《どくきのこ》を食べた別当は、同僚に悪心を改めさせるために敢《あ》えて危険を冒《おか》した人格者であったが、『今昔物語集』によれば、件《くだん》の別当は、日頃から好んで和太利茸を食べていた変わり者だったようなのである。確かに、『今昔物語集』の別当も、結果として、同僚を改心させることに成功するものの、それは、たまたまそうなったというだけのことなのではないだろうか。

なお、和太利茸という毒茸は、『今昔物語集』の他の一話には、「和多利《わたり》と云《い》ふ茸《きのこ》」として登場するが、金峰山で起きたとされる事件の経緯からすれば、おそらく、王朝時代の人々が「和太利」あるいは「和多利」と呼んだ茸は、その外見が平茸に似ていたのだろう。

また、長元《ちょうげん》二年（一〇二九）九月十八日の『小右記《しょうゆうき》』には、「近来《きんらい》、往々《おうおう》にして茸《きのこ》を食《しょく》して死《し》する者《もの》の有《あ》れば、永《なが》く平茸《ひらたけ》を食《しょく》することを禁断《きんだん》す」という一節が見えるのだが、ここで藤原実資《ふじわらのさねすけ》が平茸を敬遠しているのは、やはり、誤って和太利茸（和多利茸）を食べてしまうことを避けたかったからなのかもしれない。

【偉い人に会うなら】

天

◆男性の場合　左手の掌《てのひら》に右の漢字を書く。
◆女性の場合　右手の掌に右の漢字を書く。

お偉い方にお会いするときのおまじないとしまして掌《てのひら》に「天」という漢字を書きますのは、きっと、この世で最もお偉いのが天道《てんとう》さまだからなのでございましょう。たぶん、世界を支配なさる天道さまのお力をお借りして、お偉い方の威厳に押し潰《つぶ》されないようにしますことが、「天」の字のおまじないの目的なのでございます。

源　経頼《みなもとのつねより》さまとおっしゃるのは、宇多《うだ》天皇さまのお孫さまのお孫さまにあたられるご立派なお血筋《ちすじ》の貴族さまでございまして、宰相《さいしょう》さまにまでご出世なさった本当にお偉い方でございました。けれども、そんな経頼さまがお亡《な》くなりになりましたのは、宰相さまよりもさらにお偉くていらした関白《かんぱく》さまに、ずいぶんひどく叱《しか》られたためだったらしいのです。

その頃の関白さまは、かの藤原道長《ふじわらのみちなが》さまのご子息の藤原頼通《よりみち》さまでございましたけれども、その頼通さまが経頼さまをお叱りになったのは、何かの折に経頼さまが源　師房《みなもとのもろふさ》さまのことを悪くおっしゃったためだったとお聞きします。師房さまとおっしゃる方は、頼通さまの北《きた》の方《かた》さまでいらした隆姫《たかひめ》女王さまの弟君《おとうとぎみ》でございまして、その頃には、お子さまをお持ちでなかった頼通さまのご養子となっていらっしゃったのです。ですから、その師房さまのことを悪くおっしゃった経頼さまを、師房さまのご養父でいらっしゃる頼通さまが厳しくお咎《とが》めになるというのは、いかにもありそうなことでございましょう。

ただ、そうして経頼さまをご叱責《しっせき》なさった頼通さまも、けっして日頃から経頼さまがお嫌いだったわけではございません。それどころか、本来、その経頼さまこそが、関白さまとして何かとお辛《つら》い目に遭《あ》われていた頼通さまにとりまして、最もお心をお許しになれる方だったのでございます。頼通さまのお母さまのお兄さまのご子息でいらした経頼さまは、頼通さまとは従兄弟《いとこ》の間柄でいらっしゃいましたうえに、頼通さまよりずいぶん年長でいらっしゃいましたから、道長さまのご長男でいらしてお兄さまをお持ちでなかった頼通さまにとりましては、まさにお兄さま代わりのような方だったのではないでしょうか。

けれども、そんな経頼さまでも、師房さまを悪くおっしゃってしまいましては、けっして頼通さまからのご叱責を免れることはできなかったのでございましょう。いえ、むしろ、頼通さまから最も信頼されていらっしゃった経頼さまでしたからこそ、頼通さまのお気持ちを裏切って師房さまを悪くおっしゃったとき、他の方々の数倍ものお咎めを被《こうむ》ることになったのかもしれません。

ただ、そんな経頼さまでも、頼通さまにお会いになる折、きちんと掌《てのひら》に「天」という漢字を書くおまじないをなさっていましたら、さすがにお生命《いのち》を落とされるようなことはなかったでしょうに。本当に残念なことでございます。

生活力のない上級貴族

『古事談《こじだん》』という説話集は、こんな話を伝えている。

ある日、内裏《だいり》に向かっていた関白藤原頼通《かんぱくふじわらのよりみち》は、その途中、参議《さんぎ》源経頼《みなもとのつねより》が落とした装束《しょうぞく》を拾ったが、それは、参議を務める上級貴族が身につけるものとしては、あまりにも粗末《そまつ》なものであった。そして、このことから経頼の窮状《きゅうじょう》を察《さっ》した頼通は、公務を終えて帰宅するや、装束を仕立てるための上等な絹織物《きぬおりもの》を何着分も用意して、それを経頼のもとに届けさせたのである。

この話からすれば、経頼というのは、ずいぶんと生活力のない人物だったようだが、現に参議（宰相《さいしょう》）にまで出世した経頼であるから、粗末な装束しか身につけられないような困窮した生活を送っていたというのは、あまりにも情けない。王朝時代における参議の地位は、現代日本の閣僚《かくりょう》のそれと比しても、ずっと高いものだったはずなのだから。

それでも、後一条《ごいちじょう》天皇・後朱雀《ごすざく》天皇の時代に関白を務めた頼通が、従兄《いとこ》の経頼に特別な庇護《ひご》を与えていたというのは、まず間違いのないところであろう。そもそも、経頼が参議に就任し得たのも、従弟《いとこ》の頼通に抜擢《ばってき》されてのことだったのではないだろうか。

だが、経頼と頼通との間に右の如《ごと》き温かい交流があったことを伝える『古事談』は、その一方で、老尼が話してくれたのと同様の出来事をも伝えている。すなわち、『古事談』の語るところでも、経頼が死んだのは、源師房《みなもとのもろふさ》を誹謗《ひぼう》したことで頼通より厳しく叱責《しっせき》されたがゆえのことだったらしいのである。

【大勢の人々の前に出るなら】

水

◆男性の場合　左手の掌《てのひら》に右の漢字を書く。
◆女性の場合　右手の掌に右の漢字を書く。

突然のご出家で不意に玉座《ぎょくざ》をお捨てになった花山《かざん》天皇さまは、多くの人々をひどく驚かせたものでございましたけれど、この天皇さまが玉座にいらした二年足らずの間といいますのは、藤原義懐《ふじわらのよしちか》さまとおっしゃる方がたいへんにお栄えになった時期でございました。

その頃の義懐さまは、ようやく中納言《ちゅうなごん》さまにおなりになったところでしたから、本当でしたら、それほどお栄えになるはずはございませんでした。花山天皇さまの時代には、関白《かんぱく》さまの藤原頼忠《よりただ》さまの他、左大臣《さだいじん》さまの 源 雅信《みなもとのまさのぶ》さまや右大臣《うだいじん》さまの藤原兼家《かねいえ》さまなど、義懐さまよりもずいぶんと偉くていらっしゃるはずの方々が、まだまだご健在でいらしたのです。けれども、花山天皇さまのお母上のご兄弟でいらした義懐さまは、お若い天皇さまから本当に厚く信頼されていましたため、頼忠さまをはじめとしますご立派な方々を差し置くようにしまして、その頃の朝廷の万事を取り仕切っていらしたのでございます。

しかも、その義懐さまは、ただただ天皇さまと親しいご関係にいらしたというばかりではございませんで、さまざまなことにつきましてたいへんに優れた方でいらっしゃいました。花山天皇さまの朝廷では、今のみなさんが「国政改革」「行政改革」などと呼ぶようなことが幾《いく》つも試みられたのだそうですけれども、そうした新しいご政策のほとんど全てが、義懐さまのご指導によるものだったというのです。

けれど、そんな義懐さまも、読み書きに関しましては、ずいぶんと不自由をなさった方でございました。あの頃によく耳にしました噂《うわさ》によりますと、お一人で朝廷をお支えになっていらした義懐さまが、実は、漢字の読み書きには相当に疎《うと》くていらっしゃったらしいのです。これは、今のみなさんからしますと、かなり奇妙なことでございましょう。

ただ、そういった噂のございました義懐さまでも、おまじないとして掌《てのひら》に書きますような漢字だけは、必ずやご存じだったに違いありません。

あの頃、私のような取るに足らない身分の者といいますのは、普通、漢字などはほとんど知らないものでございました。私どもなどは、仮名《かな》文字さえ読んだり書いたりできましたら、それで普段の生活に不自由はないものだったのです。

それでも、そんな私たちでさえ、掌のおまじないに使います幾つかの漢字だけは、何とかして覚えたものでございます。もちろん、それは、そうしておきませんと、例えば、大勢の人々を相手に話をしなければなりませんようなとき、掌に「水」という漢字を書くといったおまじないを頼りにすることができなくなってしまうからに他なりません。

ですから、一部の意地の悪い貴族さまたちからは「文盲《もんもう》」と侮《あなど》られていらした義懐さまも、おまじない用の漢字くらいは、きちんと読み書きなさったことでございましょう。

文盲の貴公子

花山《かざん》天皇の時代に中納言《ちゅうなごん》の身で朝廷を牛耳《ぎゅうじ》った藤原義懐《ふじわらのよしちか》は、あの清少納言《せいしょうなごん》が『枕草子《まくらのそうし》』の中で絶賛した希代の貴公子でもあるが、その義懐について、歴史物語の『大鏡《おおかがみ》』には、「その中納言、文盲《もんもう》にておはせしかど」という、少し気になる記述が見える。これによれば、花山朝の国政改革や行政改革を主導した義懐は、上級貴族の一人でありながら、「文盲」だったようなのである。

ただ、ここに見える「文盲」という言葉は、漢字も仮名《かな》文字も知らない全くの文盲を意味するわけではあるまい。勅撰和歌集《ちょくせんわかしゅう》の『後拾遺《ごしゅうい》和《わ》歌集《かしゅう》』に和歌を残していることからすれば、義懐が仮名文字や少なくとも一部の漢字を知っていたことは、まず間違いないのである。おそらく、『大鏡』が「文盲」と表現したのは、老尼の話にあったような、仮名文字の読み書きはできても漢字の読み書きはほとんどできないという程度のことなのだろう。

それでも、王朝時代の貴族男性に漢字の読み書きに不自由するような人物がいたというのは、多くの現代人にとって、ずいぶんと意外なことかもしれない。

なお、大勢の人々の前に出る際の呪術が、掌《てのひら》に「水」という漢字を書くというものだったのは、おそらく、王朝時代の人々が水の発揮する危険な破壊力に密《ひそ》かな憧《あこが》れを抱いていたためだろう。満足な治水工事もできなかった時代に幾度も水害を経験していた彼らならば、大勢の人々の視線に抗しなければならなかったとき、水の持つ凶悪なまでに偉大な力を頼ったとしても、そう不思議ではあるまい。

あとがき

　そもそも、その折の私の上洛《じょうらく》の目的は、かつては平安京の北側の郊外に広がる山野であった紫野《むらさきの》を歩いて、雲林院《うりんいん》という寺院の跡地を探すことにありました。

　その寺院は、今はもう跡形もありません。しかし、千手観音《せんじゅかんのん》を本尊《ほんぞん》とした雲林院は、今から千年ほども昔の王朝時代には、大勢の参詣者を集める著名な寺院でした。特に、恵信僧都《えしんそうず》として知られる源信《げんしん》という高僧によってはじめられた菩提講《ぼだいこう》という法会《ほうえ》が行われる日には、都やその周囲の集落に住む実に多くの人々が、ぞくぞくと雲林院へと押し寄せたものだったのです。

　ちなみに、『大鏡《おおかがみ》』という歴史物語では、三人の老人たち――百九十歳の大宅世継《おおやけのよつぎ》・百八十歳の夏山繁樹《なつやまのしげき》・繁樹の軽く百歳を超える妻――が、王朝時代の出来事について、自分たちの見聞をさまざまに語り合いますが、その超高齢の三人による昔語りの場は、今から千年ほど昔の王朝時代のある日の雲林院に他なりません。『大鏡』の三人の宿老《しゅくろう》たちは、その日、菩提講に参加するつもりで雲林院に詣《もう》でたものの、目当《めあ》ての法会がはじまるまでにしばしの時間があったため、その徒然《つれづれ》を慰《なぐさ》めようとして長い長い昔話をはじめたのでした。

わが国の王朝時代に関する研究を当面の課題としている私は、その『大鏡』の語りの舞台となった雲林院を偲《しの》ぼうと、夏の盛りの紫野に足を踏み入れたわけですが、王朝時代に栄えた寺院の跡地など、今さら見つかるはずもありません。千年前には幾《いく》つかの寺院がぽつんぽつんと疎《まば》らに建っていただけの紫野も、今や京都市北区の中心的な市街地になってしまっているのですから。

そこで、もはや雲林院の故地を訪ねることなど不可能であると悟《さと》った私は、そのまま大徳寺《だいとくじ》という寺院に足を向けたのでした。というのも、その大徳寺には、「雲林院《うんりんいん》」の名を持つ塔頭があったためです。それは、もちろん、かつての雲林院《うりんいん》そのものではありませんが、その名を受け継《つ》ぐかたちで江戸時代に創建されたものなのです。

そして、あの老尼《ろうに》が私に声をかけてきたのは、その新しい雲林院《うんりんいん》においてのことでした。

その老齢の尼僧は、私を木陰の少し涼しいところに誘って一緒に腰を下ろすと、住まいやら職業やら京都を訪れた目的やらを尋《たず》ねてきました。その質問の内容からすれば、私が京都の地元民ではないということは、たぶん、老尼の眼には一見しただけで明らかだったのでしょう。

これに対する私は、殊更《ことさら》に隠し立てする必要もなかったため、王朝時代に興味を持つ研究者であるということも、また、無謀にも雲《う》林院《りんいん》の跡地を探そうとしていたのだということも、そのまま話してしまいました。もちろん、個人情報の管理が何かと問題となる昨今ですから、住所についてだけは、かなり大まかなところを明かしただけでしたが。

すると、私が王朝時代の研究をしているということを知った老尼は、何やら不思議な表情を浮かべながら、あの穏《おだ》やかな口調でこう言ったのでした。

「その頃のことでしたら、私もいろいろと存じ上げていることがございます。もしかすると、あなたのお役に立つこともございましょうから、この年寄りの昔話に少しばかり付き合ってみませんか」。

こうしてはじまったのが、あの半日にも及ぶ老尼の昔語りだったわけですが、今にして思うと、あのとき、あの老尼に出遭《であ》えたことも、また、その老尼の親切を丁重《ていちょう》に断ったりしなかったことも、この私にとって、本当に幸いなことでした。あそこで老尼から聞かされた話は、私には実に貴重なものだったのです。

それにしても、あの老尼は、どこの誰だったのでしょう。

彼女の自己紹介は、確か、「以前にも雲林院で昔話をしました年寄りたちの一人でございます」という何とも不明瞭なものでした。また、そのときの私は、「見知らぬよそ者を相手に素性《すじょう》を明《あ》かしたくはないのだろう」と勝手に納得して、それ以上のことを尋ねようとはしなかったように思います。

ただ、よくよく考えてみれば、かつて雲林院で昔語りをした老人たちとして真っ先に想起されるべきは、やはり、『大鏡』の超高齢の語り手たちではないでしょうか。しかも、『大鏡』の語り手である三人の宿老たちの一人は、老尼と同じ女性ではありませんか。したがって、「以前にも雲林院で昔話をしました年寄りたちの一人でございます」と自己紹介した老尼は、大宅世継とともに『大鏡』の昔語りをした夏山繁樹の妻だったかもしれないのです。

もしも、夏山繁樹の妻が今も元気でいるとすれば、その女性の年齢は、とうに千を超えていることでしょう。そして、それほどの長寿など、科学的なものの考え方を身に付けた現代の日本人には、ちょっと信じ難《がた》いものかもしれません。しかし、王朝時代の出来事をあたかもその眼で見てきたかのように語る老尼の口調を思い出すと、彼女が千年の時を生きてきたという荒唐無稽《こうとうむけい》なことさえ、少し信じてみたくなってしまいます。

また、わが国においては、王朝時代から数百年を隔《へだ》てる江戸時代にも、八百歳以上の長寿を保つ尼僧のことが話題になったことがありました。そう、人魚《にんぎょ》の肉を食べたことで不死となったとされる八《や》百比丘尼《おびくに》のことです。そして、その八百比丘尼は、まだ健在であるとすれば、とうに千歳にはなっていることでしょう。

もしかすると、これは今まさに気づいたことなのですが、私があの夏の日に出遭った不思議な老尼は、王朝時代の雲林院で大宅世継とともに昔語りに興じた夏山繁樹の妻であるとともに、江戸時代に諸国を巡《めぐ》り歩いた八百比丘尼でもあるのかもしれません。

それとも、あの夏の日の不思議な老尼との不思議な出遭いは、私が慣れない京都の暑さの中で陥《おちい》った白昼夢《はくちゅうむ》に過ぎなかったのでしょうか。

二〇〇七年十二月十六日

繁田信一

追い書き

その後の文献調査の結果、あの日、老尼《ろうに》が教えてくれた数多《あまた》の呪術については、それらとよく似たものが幾《いく》つかの書物によっても現代に伝えられていることが確認されました。そこで、必ずしも本書の趣旨とは関係しませんが、老尼に教わった呪術と類似する呪術についての記載が見られる書物を、以下に一覧のかたちで示しておきます。

百鬼夜行に遭遇したら……『口遊《くちずさみ》』『二中歴《にちゅうれき》』『袋草紙《ふくろぞうし》』
死んだはずの人を見かけたら……『口遊』『袋草紙』
蛇に咬まれそうになったら……『袋草紙』
雷が鳴ったら……『二中歴』
脚が攣ったら……『二中歴』
胸の病気を患ったら……『袋草紙』
夏の暑さで体調を崩したら　その一……『袋草紙』
夏の暑さで体調を崩したら　その二……『袋草紙』
馬がお腹を壊したら……『口遊』『二中歴』『袋草紙』
くしゃみが出たら……『二中歴』
悪い夢を見たら　その一……『二中歴』
悪い夢を見たら　その二……『二中歴』
悪い夢を見たら　その三……『二中歴』
悪い夢を見たら　その四……『袋草紙』
人魂を見たら……『二中歴』『袋草紙』
灯火の炎に自分の姿が映ったら……『今昔物語集《こんじゃくものがたりしゅう》』
怪しい虫の鳴き声を聞いたら　その一……『口遊』『二中歴』『袋草紙』
怪しい虫の鳴き声を聞いたら　その二……『二中歴』
夜中に外出するなら……『袋草紙』
怪しい鳥の鳴き声を聞いたら……『口遊』『二中歴』『袋草紙』
犬の遠吠えを聞いたとき……『二中歴』
犬に置き土産をされたとき……『二中歴』

狐の鳴き声を聞いたとき……『二中歴』
狐に置き土産をされたとき……『二中歴』
狸の鳴き声を聞いたとき……『二中歴』
烏の鳴き声を聞いたとき……『二中歴』
梟の鳴き声を聞いたとき……『二中歴』
五位鷺の鳴き声を聞いたとき……『二中歴』
釜の鳴る音を聞いたとき……『二中歴』
胸がドキドキするとき……『二中歴』
顔がほてるとき……『二中歴』
左の耳で耳鳴りがするとき……『二中歴』
右の耳で耳鳴りがするとき……『二中歴』
くしゃみが出たとき……『二中歴』
恋心に気づいてもらいたい……『新千載和歌集《しんせんざいわかしゅう》』『大弐三《だいにのさん》位集《みしゅう》』
未来を知りたい……『二中歴』『袋草紙』
よい夢を現実にしたい　その一……『二中歴』
よい夢を現実にしたい　その二……『二中歴』
よい夢を現実にしたい　その三……『口遊』
農作物を害虫から守りたい……『二中歴』
稲刈を無事に行いたい……『二中歴』
おいしいお酒を造りたい……『袋草紙』
犯罪者に立ち向かうなら……『二中歴』
悪い人と交渉するなら　その一……『二中歴』
悪い人と交渉するなら　その二……『二中歴』
不幸のあった家族を訪ねるなら……『二中歴』
病人と会うなら……『二中歴』
山野を通るなら……『二中歴』
河海を渡るなら……『二中歴』
飲んだり食べたりするなら……『二中歴』
偉い人に会うなら……『二中歴』
大勢の人々の前に出るなら……『二中歴』

【年表】

和暦（西暦）	天皇	できごと	摂政	関白	太政大臣	左大臣	右大臣	内大臣
貞観八（866）	清和	藤原良房、摂政となる。応天門の変（伴善男配流）	良房		良房	源信	良相	
							氏宗	
十八（876）	陽成	陽成天皇即位。藤原基経、摂政となる	基経			源融	基経	
元慶四（880）		在原業平没						
	光孝				基経			
仁和四（888）		藤原基経、関白の勅を受ける（関白の始め）		基経			源多	
寛平六（894）	宇多	菅原道真らの建議により遣唐使を廃止					良世	
						良世	源能有	
						時平	菅原道真	
延喜一（901）	醍醐	右大臣菅原道真を大宰府に左遷。東国に群盗横行					源光	
十二（912）		紀長谷雄没						
十四（914）		三善清行、意見封事十二ヵ条を上申					忠平	
承平一（931）	朱雀	京中に群盗横行	忠平			忠平	定方	
五（935）		平将門の乱おこる（承平天慶の乱始まる～941）					仲平	
天慶二（939）		藤原純友の乱おこる			忠平	仲平	恒佐	

							実頼	
天暦二 (948)	村上	京都に群盗横行、右近衛府・清涼殿などに押し入る		忠平		実頼	師輔	
							顕忠	
							源高明	
康保四 (967)	冷泉	延喜式を施行。藤原実頼関白就任(以後関白を常置)		実頼	実頼	源高明	師尹	
安和一 (968)		東大寺・興福寺争う						
二 (969)		安和の変、左大臣源高明左遷	実頼			師尹	在衡	
	円融		伊尹			在衡	伊尹	
天禄三 (972)		高麗使、対馬に来着。権門へ荘園集中		兼通	伊尹	源兼明	頼忠	兼通
天延二 (974)		疱瘡流行のため大祓。藤原道綱母「蜻蛉日記」記す(～995)			兼通			
				頼忠		頼忠	源雅信	
天元五 (982)		内裏炎上する。この頃京中に盗賊横行			頼忠	源雅信	兼家	
永観二 (984)	花山	花山天皇即位						
寛和二 (986)	一条	一条天皇が即位する、居貞親王立太子	兼家				為光	
正暦一 (990)		藤原定子、一条天皇の中宮となる	道隆	道隆	兼家			道隆
					為光		源重信	道兼
四 (993)		疱瘡流行のため大赦。故菅原道真に太政大臣を贈る						

和暦	（西暦）	天皇	できごと	摂政	関白	太政大臣	左大臣	右大臣	内大臣
正暦五	(994)	一条	疫病九州よりおこり諸国に流行。疫病京に入り、路頭に病者・死者多く、その収容を命ず		道隆		源重信	道兼	伊周
長徳一	(995)		疫病流行し、藤原道隆、道兼死去。道長、内覧（関白代行）を命じられる。道長、伊周と争う		道兼			道長（内覧）	
四	(998)		疱瘡流行する。長雨で鴨川一条堤決壊し、大洪水				道長（内覧）	顕光	公季
長保二	(1000)		中宮定子、皇后となる。藤原彰子、一条天皇の中宮となる						
寛弘二	(1005)		安倍晴明没						
長和一	(1012)	三条	藤原妍子、三条天皇の中宮となる						
五	(1016)	後一条	藤原道長、摂政となる	道長					
寛仁一	(1017)		藤原頼通、摂政に、道長、太政大臣になる	頼通		道長	顕光	公季	頼通
二	(1018)		藤原威子、後一条天皇の中宮となる						
万寿一	(1024)		京都に大火おこる		頼通	公季	頼通	実資	教通
四	(1027)		藤原道長死去						
長元三	(1030)		春に疫病流行、死者多数。伊賀守源光清、伊豆に配流						
九	(1036)	後朱雀	後朱雀天皇即位						

繁田　信一◆しげた　しんいち

一九九七年東北大学大学院文学研究科博士課程後期単位取得退学。二〇〇三年神奈川大学大学院歴史民俗資料学研究科博士後期課程修了、博士（歴史民俗資料学）。神奈川大学日本常民文化研究所特別研究員、同大学外国語学部非常勤講師。著書に『陰陽師』（中央公論新社）、『平安貴族と陰陽師』『呪いの都　平安京』（以上、吉川弘文館）、『殴り合う貴族たち』『王朝貴族の悪だくみ』（以上、柏書房）、『天皇たちの孤独』（角川書店）などがある。

坂田　靖子◆さかた　やすこ

大阪府高槻市出身、石川県金沢市在住。一九七五年、『花とゆめ』掲載の「再婚狂騒曲」でデビュー。以来、白泉社、小学館など幅広い雑誌で活躍。英国を舞台にした作品のほか、さまざまなファンタジーや日本の怪談・説話を素地にした作品も多い。『闇夜の本』『バジル氏の優雅な生活』『マーガレットとご主人の底抜け珍道中』『水の森奇譚』『芋の葉に聴いた咄』『磯の貝に聴いた咄』『堤中納言物語』『伊平次とわらわ』など多数。

王朝貴族のおまじない

二〇〇八年二月一八日　初版第一刷発行
二〇二四年一一月一日　初版第三刷発行

［著者］……繁田信一
［発行者］……野村敏晴
［編集］……髙松完子
［発行所］……株式会社 ビイング・ネット・プレス
〒二五二－〇三〇三
神奈川県相模原市南区相模大野八－二－一二－二〇二
電話［〇四二］七〇二－九二一三
［絵］……坂田靖子
［造本］……須藤康子＋島津デザイン事務所
［ＤＴＰ］……島津デザイン事務所
［印刷・製本］…モリモト印刷株式会社

ISBN978-4-904117-00-2 C0039　Printed in Japan